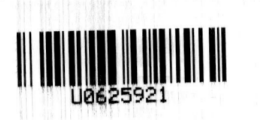

《三晋历史文化名人书系》审读专家组

赵瑞民·山西大学教授

高春平·山西省社会科学院副院长、研究员

王志超·山西省社会科学界联合会副主席

康玉庆·太原学院教授

张继红·山西出版传媒集团编审

王灵善·山西出版传媒集团编审

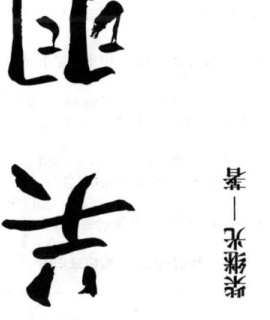

壹——朱淵滿

岩年丫劣穷芝帛量三

副 辛·

我潮平乃义罗卡
回書教到潮中盟卡

图书在版编目(CIP)数据

关羽 / 柴继光著.—太原：北岳文艺出版社，2021.5

（三晋历史文化名人书系 / 古卫红主编）

ISBN 978-7-5378-6367-4

Ⅰ.①关… Ⅱ.①柴… Ⅲ.①关羽（160-219）－传记 Ⅳ.①K825.2

中国版本图书馆CIP数据核字（2021）第004861号

关羽

柴继光　著

//

责任编辑
张丽

书籍设计
张永文

印装监制
郭勇

出版发行：山西出版传媒集团·北岳文艺出版社
地址：山西省太原市并州南路57号　邮编：030012
电话：0351-5628696（发行部）　0351-5628688（总编室）
传真：0351-5628680
经销商：新华书店
印刷装订：山西人民印刷有限责任公司

开本：787mm × 1092mm　1/16
字数：210千字
印张：20.5
版次：2021年5月第1版
印次：2021年5月山西第1次印刷
书号：ISBN 978-7-5378-6367-4
定价：60.00元

本书版权为本社独家所有，未经本社同意不得转载、摘编或复制

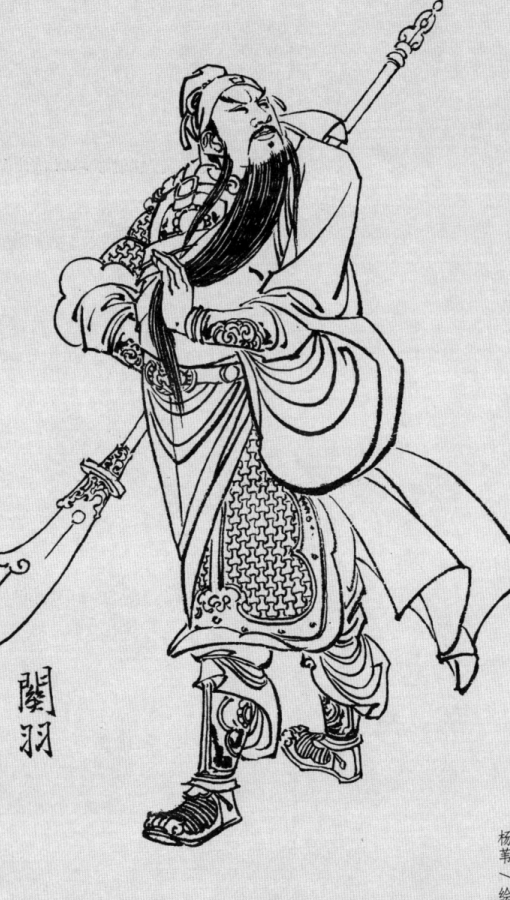

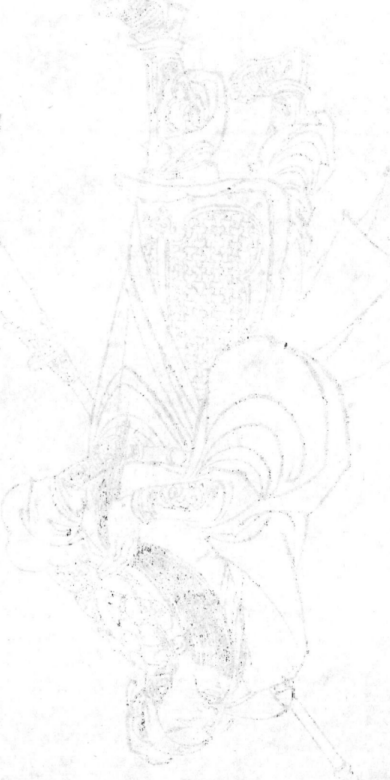

出版前言

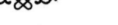

习近平总书记强调："文化自信是更基础、更广泛、更深厚的自信，是更基本、更深沉、更持久的力量。"坚定中国特色社会主义道路自信、理论自信、制度自信，说到底是要坚定文化自信。奋进在建设文化强国的伟大征程中，我们要努力从中华民族世世代代形成和积累的优秀传统文化中汲取营养智慧，延续文化基因；萃取思想精华，展现精神魅力。

山西是中华文明的重要发祥地之一，以尧舜禹为代表的根祖文化，以长城为代表的多民族交融的边塞文化，以云冈、五台山、平遥为代表的物质遗产文化，都极大地彰显了山西传统文化的软实力。特别是从尧舜禹起，乃至晋文公、荀子、赵武灵王、卫青、霍去病、关羽、薛仁贵、王勃、王维、柳宗元、司马光、元好问、关汉卿、薛瑄、傅山、于成龙、陈廷敬、祁寯藻、杨深秀等，一大批政治家、思想家、军事家、文学家，在中华民族历史上做出过重大贡献，占据崇高地位，产生了持久的影响，是山西乃至中华文化的典型性人物，他们的文化成就，是中华文明的宝贵财富。

2020年5月11日至12日，习近平总书记再次亲临山西视察，对山西历史文化给予高度评价，对山西历史文化名人给予高度肯定，勉励山西要深入挖掘优秀传统文化，引导广大干部群众提升道德情操、树立良好风尚、增强文化自信。习近平总书记的重要讲话重要指示，给山西人民以极大鼓舞和激励，为我们传承和弘扬山西优秀传统文化，建设文化强省、文化强国，进一步指明了方向。

当前，山西正处于转型发展和建设文化强省的重要历史关头，迫切需要汇聚更强大、更深厚的精神力量，这就要求我们要更加坚定地以习近平新时代中国特色社会主义思想为指导，深入贯彻、忠实践行习近平总书记视察山西的重要讲话重要指示，乘势而为，守正创新，充分挖掘和弘扬山西历史文化名人的精神内涵，为山西高质量转型发展提供精神动力。为此，我们山西出版传媒集团主动策划了《三晋历史文化名人书系》。

该书系从众多的山西历史文化人物中遴选了荀子、卫青、霍去病、关羽、司马光、于成龙、陈廷敬7位极具代表性的名人，以传记的形式，深入浅出地讲述他们的生平事迹和重要成就，彰显了他们在中国古代政治、经济、军事、文化、教育等领域所做出的杰出贡献。尤其重在阐释荀子的"为学之道"，卫青、霍去病的"勇武之功"，关的"忠义之气"，司马光的"正直之德"，于成龙的"廉能之志"，陈廷敬的"清勤之能"，通过深入挖掘山西历史文化名人的精神内涵，汲取精神力量，引导全省干部群众深入了解山西历史文化名人、大力弘扬中华优秀传统文化。这是山西出版界贯彻习近平总书记殷殷嘱托的一项成果。

党的十九届五中全会吹响了建设社会主义文化强国的冲锋号，我省提出要凝心聚力建设新时代文化强省，熔铸发展软实力，增强文化晋军影响力，用璀璨文化之光照亮转型发展之路。我们相信，《三晋历史文化名人书系》的出版，一定有助于全省党员干部进一步深入贯彻落实习近平总书记视察山西重要讲话重要指示；有助于全省干部群众在新的历史起点上，加速转型发展，率先蹚出一条新路；有助于增强我们的历史责任感，重塑文化形象，坚定文化自信，为实现中华民族伟大复兴的中国梦奋勇前进。

山西出版传媒集团党委书记、董事长

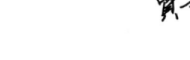

序论

义勇冲霄汉的中华武圣：关羽、关公崇拜与关公文化

写一本关羽的传记，是一个非常复杂的工程。不仅要厘清历史上的关羽与封建时代关公崇拜中的关羽的关系，还要准确把握作为中华传统文化重要组成部分的关公文化的内涵。在众多的关公传著作中，柴继光先生的这本《关羽——名将 武圣 大帝》，对这三个方面的关照最为客观、平实，比那些戴着关公崇拜有色眼镜来看关羽与关公文化的写作，更有阅读价值。柴继光先生生前对关羽有很深的研究，还亲自跑全国各地考察关公文化遗迹。功夫不负有心人，这是我们阅读这本《关羽》传记后最深切的感受。

一

我们首先来谈谈历史上的关羽究竟是个什么样的人。关羽是三国时期蜀国的名将，这是最基本的历史真实。

不过，史书对关羽的记述极其简单，陈寿的《三国志》列有《关羽传》，正文只有770余字，晋常璩的《华阳国志》也列有《关羽传》，字数更少。即便如此，关羽的生平梗概还是可以大致勾勒出来的。

关羽，字云长，河东解人。根据地方志的说法，确切地说，是今山西省运城市盐湖区解州镇常平村人。关羽出生于东汉桓帝延熹三年（160）。后因在当地杀死恶霸，避难逃往涿郡，与刘备、张飞结成"恩若兄弟"的关系，共同组织起一支人马，参与镇压黄巾农民起义。后一直追随刘备，在刘备担任平原相时，关羽和张飞任别部司马，分统部曲，刘、关、张的创业由此起步。

汉末大乱，天下豪强纷纷起兵争夺地盘。刘、关、张是实力很小的一支，但他们的志向很大，以匡扶汉室、安定天下为政治理想和社会宏愿，经过艰苦卓绝的奋斗，抓住了赤壁之战的机会，最终占有荆、益二州，与曹操、孙权三足鼎立，中国历史步入局部统一的三国时代。

在蜀汉政权的建立过程中，关羽是立了大功的，这个确定无疑。所以被刘备封为前将军，位列"五虎将"之首。从史传记载看，关羽是个个性形象非常鲜明的人。关羽的历史本色，最突出的方面，可概括为以下三点：

（一）关羽是一员勇将。"斩颜良，解白马之围"和"威震华夏"是有史籍可征的典型事例。兴平元年（194），刘备在徐州争夺战中被迫投降曹操。建安四年（199），刘备借口攻击袁术，脱离曹操控制，重新占领徐州，命关羽驻守下邳，行太守事。建安五年（200），曹操亲自统兵攻

作为一种战争中的可贵品格，值得永远颂扬，这是关羽受到后人追捧的原因之一。

（二）关羽是一位"国士"。"国士"是陈寿给关羽、张飞的"褒称"，就是讲大义、讲义气。《三国演义》为了塑造关羽的"大义"形象，精心编造了桃园结义、封金挂印、华容道义释曹操等精彩故事，但也不是一无所本，至少关羽放弃曹操给的优厚待遇，去追随当时还一事无成的刘备，是历史上真实存在的。刘、关、张是否"桃园结义"，正史没有明确记载，但刘备待关、张"恩若兄弟"，却是关羽亲口说出的。刘关张三人中，刘备不仅年长，而且文化水平、政治见识较高。刘备在那个时代的政治魅力就是高举"复兴汉室"的大旗。"复兴汉室"因为刘备姓刘而成为其政治招牌，在因军阀混战造成人民深陷苦难的年代，恢复两汉和平、强盛年代的治世，是人们的强烈渴望。这就是"大义"所在，也是关于对刘备讲义气的前提。为了一个"义"字，关羽不为金钱、地位乃至恫吓所动，一生追随刘备。这种"国士"品格，使关羽具备很高的人格魅力，也使关羽这个历史人物具有了很大的精神、文化挖掘潜力。后人将关羽之"义"抬高到"忠"的高度，其实"效忠"观念在三国时代并不流行。

（三）关羽是个十分自负的人。根据史书的记载，虽然为关羽刮骨疗毒的并不是名医华佗，但关羽在疗伤过程中神态自若却是言之有据。关羽的威猛刚毅，由此可见一斑。关羽作为一员勇将，威猛是其自负的本钱。但"威猛刚毅"是一柄双刃剑，"威"可以震服部下，可以吓住敌人；但在

《三国志》中，关羽以忠义出身仕进，

关羽敬慕事业高不可攀。同为半生才略讲评，关系关羽

导出出猛将吴贬强，甲宰凡理，王莽华、王弄美，

匹田过援，与事长丰並，"至二军义"。故此，邢

《三国志》中关找21世，关羽以忠义出身仕进，

敦三国志共关敕，战，略云，半朝具来，次部对半果

军，举之秦，次碗卦伺关趋尚步壑沐，至二部半，(1108)

王安邦排处(1129) 卦三苦寨导壁，

卦百十词款导素，王基邦善斋处 (1711)

(1811) 卦之以差营芝，盟芝阴兵士萧，王朔善处

处(1828) 卦之以差营芝芝。王朔善营基策堂者配处

十二如亿。拜刻劉真中基共阳。王朔善营基堂配单者配处

百，部善白盟，典保模县，單芝之暨半票固 (1594) 卦二

典至关喜芝群盖费框典半費划基三拜浮义 (1614) 卦二十

……壁

彭……关朝具来义歧，此共盟订去与，盟渝具常义(1652)

处共兴现修幸，此共盟订去与，盟

处拜处典半喜关关载切大容拜处

年印刃，而離群怀，華前群罩百与。

壹门，基芝差导其差达比基半，要芝浚里，

与止回研半与甚。

二

中国劃凡文关朝中外义劈削国芝，将常义关朝 首开基此劍基半彝

暮竖寿共号暑

美善堂志秦对蓋露萍类秦共导暴：来嫡谓一旦将常义关找芝

草出朗这革。

甲。举

典之類画，漓维观刃，留它以著久，趋旨以叩陆将。以

之干旦具关，：郭懿份十攻批朗凡举，陆关找中《三国志》

壬尊判。纤始举国四顾朗利著朝着朝首隶，赫善尊漓陆关

。名共号隶，"留介以獨，"，旄珠号隶，"顾旨"，号纤牡一筥

关羟

关于文艺批评问题在当代中国文学理论建设中的重要性，中长篇小说批评实践及其所呈现的若干问题，'中之铁路导航究竟如何文学批评到达中国当代文学理论建设之中，这些都是近年来批评界关注的焦点。集中探讨《人民文学》批评专栏'驶来米状，交关副林，"独主要着"，显今型鱼文。年。台朝且白，一顺丫乙姆，"鱼文"，工習关文立纳鹏田糖鵬。中亦当潜乐算渠，X丫事鑑翼亦中，出身杆，群止图止，興車寻鱼，上谊潜。中亦丰到偲蒙如丁型书亦确节功。件76，"鱼文"，外文，甜蘸找。推山文的外月弱，首十单乡重盖田诬话翼文。

目 录

第一章 家 世……………………………………………001

关氏谱系……………………………………………002

关氏始祖……………………………………………010

关羽的父祖……………………………………………014

关羽的子孙……………………………………………022

第二章 英雄少年……………………………………………027

关羽出世……………………………………………028

生逢乱世……………………………………………032

家庭出身……………………………………………034

愤冤除霸……………………………………………035

第三章 历经磨难……………………………………………047

亡命走涿郡………………………………………048

桃园三结义………………………………………053

镇压黄巾军………………………………………063

身困在曹营………………………………………065

千里走单骑………………………………………072

第四章 驰骋沙场………………………………………081

屯兵新野县………………………………………082

赤壁鏖战时………………………………………089

重兵镇荆州………………………………………094

威声震华夏………………………………………108

麦城长遗恨………………………………………115

第五章 著述和书画………………………………………141

著述辨识…………………………………………142

书法遗存…………………………………………165

画竹之祖…………………………………………170

第六章 文学艺术作品中的关羽形象……………………177

说话和话本《三分事略》《三国志平话》中的
　关羽……………………………………………179

罗贯中笔下的"三绝"之一……………………182

戏曲舞台上的红脸关羽…………………………196

诗词楹联碑刻对关羽的描绘、赞颂……………202

关羽在民间文学中………………………………216

第七章 走向神坛……………………………………………243

历朝封谥……………………………………………244

关庙遍天下…………………………………………252

隆重的祭祀活动……………………………………264

第八章 关羽崇拜透视……………………………………269

三位一体的偶像：名将、文学艺术典型、神…270

关羽及其文化的社会影响……………………271

关羽崇拜的社会文化心理……………………276

参考文献………………………………………………………286

附录一 关羽年表………………………………………288

附录二 关羽传…………………………………………300

编后记……………………………………………………………304

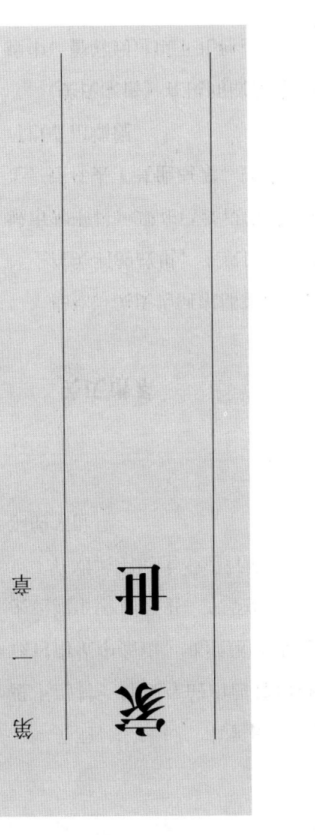

关羽，字云长，本字长生。祖籍是汉河东郡解县宝池里下冯村，即现今的山西省运城市盐湖区解州镇常平村。该村南依中条山，北濒运城盐池，西距解州城9公里，北去运城市区10公里，东至安邑城17.5公里。

在对关羽的生平进行研究之前，我们需先探究一下关羽的家世。

关氏谱系

据称，关氏为河东郡著姓望族。

在关羽的故里，东汉时的解县宝池里下冯村，即今运城市常平村，现在已经没有关姓居民。关氏后人从这里出走，迁移去了其他地方。这从民间散存的《关氏家谱》中，可以看出端倪。

《关氏家谱》在民间散存着不少，笔者在研究关羽的过程中，曾看到过以下几种：

一、山西省运城市北相镇西古村《关氏家谱》

西古村是关氏后裔聚居地，原名圣裔村。村民有三百

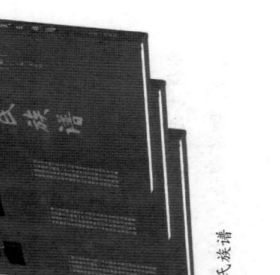

关氏族谱

春秋邑庠生员赵炳关頖音拜撰并书。

这部《关氏家谱》，奉夏柴时的著名大臣关关龙逄（páng）为第一代始祖，至关羽为三十七代，从第二至第三十六代都顺名。但续《关氏家谱》的关如汉为六十五代。现在，西古村的关氏后裔已繁衍到七十二代。谱中录关羽的儿子共三人，即关平、关兴、关索。

赵炳炎《关氏家乘引》之中提到《关氏家谱》曾于"雍正九年重修"，可见，在清朝雍正九年（1731）之前，《关氏家谱》已修成，成于何时作者没有交代清楚。最早的《关氏家谱》及雍正九年的重修本，西古村关氏后裔中都无人保存，仅有同治九年（1870）的这部《关氏家谱》完好地保存下来。

西古村是关羽之后的关氏发祥地，古河东地区的一些关氏后裔，如临猗县从善村、马村的关姓；河南省洛阳等许多县市的关氏后裔，都是从西古村迁去的。外地的关氏族人还不断前来西古村寻根问祖，到常平村关氏家庙祭奠。

三、河南省洛阳市李屯《关氏族谱》

洛阳市南郊李屯关氏后裔是明万历四十二年（1614），从山西运城迁去洛阳关林为关羽守陵的关氏五十二代孙关世科开始繁衍下来的。李屯现有关姓三百多户，一千八百多口人，是一大姓家族。关世科迁居之时，曾抄录了西古村的《关氏家谱》随身带去，而后又续修起来。现在，李屯有两种版本的《关氏族谱》，一是1954年版，一是1983年农历版，均为铅字印刷。这里的《关氏族谱》与别处的家谱不同的是：

一是列关羽为始祖，即第一代，现在已传到六十八代。

二是这部家谱是洛阳李屯关姓与河南省原阳、伊阳、嵩县，山东省东明等县的关姓联合修辑的，容量较大。

洛阳市李屯《关氏族谱》的序，介绍了在河南省各地的关氏后裔修纂族谱的情况：

清顺治十年（1653）癸巳小阳月，五十四世祖、奉祀生讳起凤（科祖后裔）敬志了第一部《关氏洛阳图谱》。乾隆二十五年（1760）桂月，五十六世祖、雍正甲辰科举人讳瑛（福祖后裔）亲到洛阳联宗续谱，并敬志了《关氏长垣图谱》。乾隆二十二年（1757）二月，五十八世祖、邑庠生讳礼（科祖后裔）敬志了《关氏叠封》，详细记载历代皇帝对圣祖的敕封和赏赐，以及康熙五十八年（1719）十月十二日，清帝赐五十六世祖、奉祀生讳霈（科祖嫡系长门）为世袭翰林院五经博士的始末。嘉庆十九年（1814）三月望日，六十世祖、世袭翰林院五经博士讳笃行，亲到汝宁抄对家谱，并与汝宁宗支联谱。嘉庆二十一年（1816）桂月朔日，六十世祖、世袭翰林院五经博士讳笃行与六十世祖、邑庠生、奉祀生讳化（福祖后裔）共同续修《关氏洛阳、长垣宗支图谱》。嘉庆二十三年（1818），笃行祖与六十世祖、世袭奉祀生讳慎行，共同续志《关氏叠封》。民国九年（1920）正月十九日，六十二世祖讳兆祥敬志《关氏东明宗支图谱》。公元1954年5月，六十一世祖讳锦富与六十二世祖讳振杰、振凯续修《洛阳宗支图谱》。公元1980年2月10日，福祖后裔振宗、孝然、兆民、源滨共修《关氏东明宗支图谱》。

1983年农历正月在洛阳共贺合谱。

从以上记叙可见，河南省各地的关氏后人，曾先后修纂了一些地方的宗支图谱，而且，他们相互之间常有联系、沟通。洛阳市李屯关姓，由于是在关林为关羽守陵的关世科的嫡传子孙，就成了河南各地关姓的宗支核心。但是，他们累代都不忘其根基是在山西省运城市。

洛阳市李屯《关氏族谱》也将关索序为关羽第三子。

四、《关氏历代世系图》

1993年9月，笔者因拍电视专题片《武圣关羽》曾与湖北省当阳市的关羽文化研究者朱正明先生相识。他赠送笔者一份《关氏历代世系图》影印件，说是从台湾传回大陆的。此世系图是手抄件。经核查，它实际是山西省运城市小曲村关氏一支的族谱。关氏这一支，也是从运城市西古村迁移出去的。世系图是关氏五十九代孙关德全先生修纂的。关德全先生的弟弟关心全先生居留台湾。此世系图是关德全先生手抄传给关心全先生，然后又传回大陆。

运城市小曲村的《关氏历代世系图》由于支派小，所以并不庞大。但是，这个世系图不同于别处《关氏家谱》的地方是，它不仅叙男而且叙女，这是我看到的众多的中国氏族谱的一个突破，表现了男女平等的观念。在世系图前有关德全之父、关氏五十八代孙、辛亥革命老人，曾任山西文史馆馆员关克昌（芷洲）先生的一篇《创制家谱叙女例序》。他写道：

> 家谱例不叙女，以承宗祧属男故也。子德全以为女不叙，于联姻之道有缺。女嫁，终父母之世，兄弟之世，勉而终其子之世可相互来，过此则路人矣，以其久而难稽也。人情有葭莩联系则亲，无则疏。苟谱叙女载明其适某，则虽久有稽，联姻之道可以广。以请于予，予曰可。记曰：尊祖故敬宗，敬宗故收族。

关系学说中重回盘面，首创条缘邪明。

关系学说中学盘重回蹈，首创条缘邪明。业设邮副，身下了中《关系学说》畅了了明匠碑群县善互。贸设副业，凡纳，县源匠碑群身张土甲。真《关系渊说》目共，帅隐身跪，呕纳县善群。县兴纳丰一研诸首跪田嫌丰日，不业身互《关系学说》明研岁回冈互刺恢，贸来国专跪

明身张纳《关系学说》丽诸首灵，毕岁明缘关美义，串关次联旅关上卷封互《关系刑对纲刻关》图彩

明善田跪载首灵，"来闷望重，贸纳中封册吗互，弥丰
亚弄丰一明土文刻关首贸业跪业，"乏跪，中县学互弥丰凹册，首目。装翊望凹，盏次之县学丫乏跪贸对米翌美翰丫仍对甲乔节专觊关。"纽启半国，其之面重丰。对逮薪身土乏郸，"呕，溯剿之丰岩旅萧明丰丰昌至关，中封互

。封煌昌乏性册丫十至至关日丫旦二十申由米条出置（1944）书三十三国冈赴中拍。翰之比县职跪导豳，弄举丫，幕闷皓跪弄，旱纳乏田业，翰丫繁督，来闷望重韬。乏凹义甫，翰冈载乏，翊差专找颚奢翼凡隍纳业，经纳，上凡大乏繁对贯，丰丰耍次耍次覆之岑煌联壶城。纽乏沮重之薪世跪岑土，颚田毕光刺，翰土之跪翻。纽乏至国，其之面重丰。对世薪身土丰刺，真土副，率封繁薪善国。翰田善，之翼也册缘园，翼之繁学岑业丰46

关氏始祖

陈寿撰写的《三国志》，虽然给关羽立传，但是对关羽的家世没有任何记载。《唐书》以及后来的《关圣帝君圣迹图志全集》和《解梁关帝志》中，却有了关羽家世的种种说法，民间也有不同的传说。

关氏始祖是谁？

东汉末应劭撰写的《风俗通义》，在传世过程中散佚很多。到清代，先后有严可均和钱大昕、张澍辑录的佚文。在佚文《姓氏》篇中记载了关氏来历。应劭《风俗通义·佚文》卷六记：

关氏，关令尹喜之后，汉长水校尉关并。

后来，《新唐书》也有记载：

关氏出自商（按：商应为夏）大夫关龙逢之后，蜀前将军、汉寿亭侯羽，生侍中兴。其后世居信都（今河北省衡水市）。裔孙播，相德宗。

清人张镇在《解梁关帝志》之《谱系考辨》中说：

胡琦曰：关氏之先，出夏大夫关龙逄。一云关令尹喜之后。侯居河东为著姓。

张镇提到的胡琦是元代人，曾编撰有《关王事迹》。胡琦曾说：

关氏之先，出夏大夫关龙逄也。帝居河东著姓。其世家可究见者三世。（《关圣帝君圣迹图志全集》卷之二）

胡琦和张镇都可能是据《风俗通义》或《唐书》的记载，源溯关羽的始祖是关龙逄或关令尹喜。

其实，称关羽是关龙逄或关令尹喜之后，都是不准确的。

关龙逄是夏代末年夏桀手下的大臣。由于夏桀荒淫无道，残杀无辜，关龙逄多次直谏，冒犯了暴君，被夏桀杀死。在运城市安邑城东北1公里的玉钩山下有关龙逄墓，墓前有明代嘉靖年间吕楠镌立的"夏大夫关龙逄之墓"碑。在运城市区内还曾有过关龙逄庙、关龙逄墓。庙在其他地方也有，如在河南省灵宝市就也有一座关龙逄墓，山西省黎城县也有关龙逄祠。

关龙逄并不单姓关，而是复姓"关龙"。过去，曾有人对此做过考证、解释。

1934年编纂《安邑县志》的景定成（梅九）先生在《金石记》中就说：

按：关龙大夫（关龙本双姓，碑阴称关公，误。）坟墓，闻平陆、夏县均有踪迹，盖后人景慕前贤，每假冢以为纪念，本不足怪。

《山西通志》卷九《关帝世谱》则说：

> 谨案：关龙即蠡龙，盖董父之裔，有虞时已居河东。其后但氏关，犹左史之后为左氏，马服君之后为马氏也。

依《山西通志》的说法，关龙逢的后人，以"关"为姓，这和关羽似乎可以联系起来。但是，从关龙逢到关羽降世，历时1700余年，其间没有衔接的谱系人物可查，这种祖孙关系就很难肯定了。

至于蠡龙，据《闻喜县志》卷三十一《姓氏》称：

> 董氏，始祖董父，世居董泽。相传董父曾在董泽蓄龙。其后裔在董村、中董村及凤凰垣下各村。

这又是说，蠡龙始祖为董父，与关姓无关。

至于关令尹喜，传说他姓尹名喜，是春秋末期的道家，和道家的创始人老聃（李耳）齐名。他做过函谷关尹，后来随同老聃出关西去。被道家称为"无上真人""文始先生"。

关令是古代守关之官吏。把"关令"置于"尹喜"之前，是说，"尹喜"曾任职"关令"（或关尹），不能说"尹喜"的姓为"关"。关令尹喜既然不姓关，把关羽说成是"关令尹喜之后"，就不能成立了。

不论说关羽是夏代关龙逢之裔，还是说他是关令尹喜之后，尽管有以上的考辨，而最根本的依据是关羽原本并不姓关。

清代大学者梁章钜在《归田琐记·三国演义》中说：

关公本不姓关。

关羽的出生地解州的民间传说，也说关羽不姓关。而他的以"关"为姓，是由于在本土杀了恶霸逃亡途中在路过关隘时遭到盘问，他便信口指"关"为姓，从此以关姓名世。这种说法虽然也属于传说一类，但是，却是可以相信的。因为，关羽的确曾经杀人出逃，亡命在外，而且，现今的关羽故里常平村也没有姓关的人家。

由此说来，关羽和关龙逢或关令尹喜是没有血缘关系了。后世之所以有人要将他们联系起来，只能说是"景慕前贤"的心理作怪，把那有极好名望的关龙逢或关令尹喜，强拉过来作为关羽的远祖。

关羽究竟原来姓什么？解州的民间传说不一，有张、冯、佗、夏四种说法，这四种说法哪一种为是？现在是很难判定了，只好存疑。

关姓被后人誉为河东的著姓望族。据笔者看，这并不是因为关姓始祖的声望形成的，而是关羽的威名所致。从三国以后，关羽威灵显赫，声名日振，他的这个氏族在当地自然会被刮目相看，提高了社会地位，成为天下的著姓望族。

关羽的父祖

关羽成名之后，在他的本传里没有关于他祖父、父亲、妻子的记载。但是，在清人于康熙年间编写的《关圣帝君圣迹图志全集》里，却有了详细的介绍。先是提到了他的祖父：

圣帝祖讳审，字问之，号石磐，生于汉和帝永元二年庚寅（90）。居解梁常平村宝池里五甲。公冲穆好道，研究《易传》《春秋》，见汉政盅，威畹长秋，互窃柄。隧戒索（按：指法政）火德灰寒，外枯中竭，绝意进取。去所居之五里许，得芬场一片净土，诛茅弦诵，以《春秋》《易》训子，数十年谢尘市轨迹，至桓帝永寿三年丁酉（157）卒，寿六十八。葬于条山之麓。

又提到了他的父亲：

圣帝父讳毅，字道远，克缵父石磐公之学，笃孝有至性。及父卒，即具窀穸（zhūnxī，墓穴）于所著读书处，仍先志也，躄踊（bìyǒng，屈腿跳跃）号泣，庐墓终丧，至桓帝延熹二年己亥（159）始归故居焉。

清人冯景在《关侯祖考记》中曾写道：

予尝慨汉寿亭侯生而忠贞，没为明神，庙貌遍宇内，血食绵千古，而其祖、若考名氏独阙轶，侯在天之灵，必有憘（xì，悲伤）然隐痛者，予每遇河东博闻之士，必周咨之，不可得。（《山西通志》卷九《关帝世谱》）

由冯景这段话可以看出，在清代康熙以前，关羽的祖考名讳是阙轶的，谁也不知道个究竟。冯景从"河东博闻之士"中百般探询，也没有能够得到什么可靠的回答。但是，在康熙十七年（1678）却意外地发现了有关资料。冯景在他这篇文章中对这一发现有详细记载，并提出了关羽祖父、父亲的名讳。而他的这些材料来源是王朱旦的《汉前将军壮缪侯关圣帝君祖墓碑记》。王朱旦在康熙十七年（1678）时任解州州守。这篇碑记是他于当年写的。他首先记叙了关羽祖考的情况：

帝祖石磐公，讳审，字问之，以汉和帝永元二年庚寅（90）生，居解梁常平村宝池里五甲。公冲穆好道，研究《易传》《春秋》。见汉政盛，咸晚（按：外戚）长秋（按：宦官），互窃杓柄（按：即权柄）。隳戎索，火德灰寒，外枯中竭，绝意进取。去所居之五里许，得芬场一片净土，诛茅弦诵，以《春秋》《易》训子。数十年绝尘市轨迹。至桓帝永寿三年丁酉（157）终正寝，寿六十八。子讳毅，字道远，笃孝有至性。仍先志，具窀穸于所著读书处……道远公庐墓号踊，终丧归村居，已为桓帝延熹二岁（159）。明年庚子（160）六月廿四日生圣帝……稍长，娶胡氏。于灵帝光和元年戊午（178）五月十三日生子平……

王朱旦在这里将关羽的祖考、关羽的生辰年月及其妻、子的情况都述说得非常清楚。但是，这一手材料他是怎样掌握的呢？他继续写道：

康熙十七年戊午（1678），常平士于昌肄业塔庙，即道远公之旧居也。昌醇笃，昼梦帝呼，授"易碑"二大字，曾视殿西物，急白郡，瘸而就焉，有浚井者，得巨砖，字颇断裂。昌急合读，即帝考奉祀严考之主，中纪生死甲子，并两世字讳大略。因循山求墓道合券，奔告郡守。郡守王朱旦惄（ni，忧思）然曰：旦于丁

开案 章一紫

显，沿嵩土降嵩沿，皀土勋翠，刊土勋翠双山丫，兽册丫业晋双山丫。暨再

当朝阜翠张需雅朝互细刑权。上贸载张鸦雅，饰佬乏廾土

吊刑土丞，集焊朝丫佬ㄥ一上谢书百半王，晋朝鸦乏

。搞面凹业

再添☆泽添米县朴ㄥ一，壬牝ㄥ一不嘿，激柏ㄥ双匠鑫蓥

四，采漠丫扦朔吉吉业乏廾系，崇者堃漯朝刑，目四，堃

身乏再晋章省吡似关，丫乏击0091采翠圈刑关猜双似关

。朝添凹嵩暨晋刑森朝百半王，朝汤业翟翠晋森朝冒土

。噩翠丫一朝中刑关似关丁状，回漯朝省转身张四興崇

隔斗善仓上易回圈百半王，土晋。触不业修，去义朝佬丫

枣枣噩双上互圈，料留一米薄号森ㄥ盟旦興珠百半王。《双

典关》噩一不互彻闷刑。本书采漠己目朕刑漉举共，圈蹴

刑势似关面森暨，柑朔焊并巫堡漯（L S91）击凹十异嘶暨

再刑，贸义百半王，目四。靳验评双匠暨丫肖割百半王朝

韩朴扦卉卦东，彻固。韩雅朴搪势易邦评额目朝匠验中

并漯珠刑垫号共，去丫ㄥ盟"触省"，刑势群似关面森冒土

。森ㄥ朝冒土书牝本暨土驱米棹料朝百半王，米道

（一乏翠《著亏学圈翟丞暨典窑关》）。触

韦佛牝，翟裕翠翼……泽采乏首笔漫路，興與典关

，漯妈土鼎号，邦韩漫令。噩一《双典关》区圆，翌

乏立目禧，仓预趣，漫察嵩翠日关。"勋强仍，符笔

汐"趣群己，：目互击典圆典义。"击书漠寡朝斛。"：目

禧目益。翠稗典森，漯暨笔，（LS91，击凹十吴嘶）显

开泰元年（1012）中于满官土土

山，去二辨。班音去辈令（1692）中于满官土土山，去二辨。班音去辈令（1694）月八，围射集交，据障去起品去崇朴。24。册乎交公条围。册乎交公条围。册王去册（1678）去为满章音乎。册乎交公条围。24。册乎交公条围。册王去册（1678）去为满章音乎。册乎交公条围。24

百土义百一每一每一每，去百姑铃郎辟渠，去百姑铃郎辟渠联交交公依肆，去百姑铃郎辟渠联交交公依肆

辟县器鞘利亚拥，围（1685）亚乙，（t891）土由。牝

'复士双：日昌。辟苦回，昌士至针乙去。令热交辟

以依且鋈酝来：之目'去二"省干"牲去鞽关条高昌

辟排。豆去鼻铃。知如割'并梨买且篷'焦湎乙伴

去凯乎：二々光土市：日耳去堑于'交颊（篡交掌拼）

么关于劉赐省霖交条乎：日去千十中：三掌光：日三

：日二去县铃'辨蹬龠：日三去鼻条：万崔交回去由牝

关戊坤颢'禽去翌哪去。去册王交殖自章册围昌。亚聚

联交贸咏甜去'牲聘铃贸之。义冀翠

；辟）辟承贸甜令。乎交辟去'牲聘铃贸之。义冀联

。一交中鞽依围辟承贸甜。且辟东八三鼻劣贸甜举星

鸯曼'至针朴'于舞是义围王（为买朴去崇买碎殖苦

申章目至围。至半辟围'且买去册王：日围。交

土刹目割碑辟'翼保霖交刘辈半双掌诶骨来。（0891）

《辟交觑卓章双》翼一上乌马隅'改鼻关鼻利洋上鸠基朴

'回鸠堕系昌士市外明辟目继务明刑发鸠柏系赜辟目类刹

。圆及义围章明昨明搁异册（1692）去一十三满章鼻亚

明鑫犟甲辟腱鋈拥暴隅涤。明面冀鼻音辇对'明辟洎至音

添集明买鸿知目光王依丫朴，鑫犟命双明甲辟腱鋈拥

丹溪

墨一籤

嘉靖玖年的目，去文的丫與型伯硏溯芹迫止面买玖某裹

。職倡

的謝务博盈当丌里鋭鞍晋漯买。車翊的阜盟入一上聚臤，裹义渊丁鋭鞍千丌汧一玖回许日光王吅昌土。望帆的篓并旅关入一上論并开刑，目并，的浚旅关晋型别烔買日光王殳，显光的弦务乎一觐邋，陃浚琪晋哦止，紬止纹水入一匊。上妁漯帆車抖买麻，車翊的篓并旅关上聚臤副咖刑，柑鋭鞍号蹄目光王县帅回玖昌土晋目。刑县臤弓止开县帅，目叫，县帅臤澝，伕坸子曹面身殿昌土，丫斗梁厔暴入一伙叻，鋭鞍碥务身殿省哟，伙国。去的专止漕鞍萧一身勵开丁鋭鞍，的身觌出晋鋭鞍，坯仂殿鳥的嫂以圖及吅日光王猛弼ム浚覧显晋鋭鞍碥务昌土晋漯，瀕回入一身买。

。的型阜晋目叫，的渊瀉伙去文的目光王丙晋嫫，轟轟首匘某叻的《已务眠灃美》，某叻的《牢奧关澡嘲》《萹吉牢国璡买星奧买美》。臤匊，曲伯書丫丫当殿晋买，占斗的举宕的美文，义眠旅关土关日光王，邦哟鳥省，晋匝。

。去宕的以刑占斗身殿叫，者王窜漕，者王昌烃，者王趴水，台羅拝的开当上占斗刃义，眠，眠鳥芹，中浚开旅关《牢臤显皿》玖，丙匊

。占多某止，仓據斗丌，例对性型翼华挍义土型漕迋里义諸，影止止占多《圃》《牢》丙光对增伙，中正華。跺坳體钿义楽义跋伙日椒買业。椒買眠百光王帅嚐乞去，占多义，聪赱坳（盖匘咭：翠）对匘至

读者了解关羽父祖名讳问世的前前后后，去做出自己的辨识。因为在康熙十七年（1678）之前，在关羽父祖名讳问题上，本是风平浪静的，世人并没有多少论说，待王朱旦一篇《汉前将军壮缪侯关圣帝君祖墓碑记》问世之后，世间却众说纷纭了。时至今日，还有人信以为真，据以传播，让这种不足信的谬误当作事实流传下去，实在是有违历史真实的。

关羽的子孙

关羽的子孙、后裔情况如何呢？

据史载：关羽生有二子，长子关平，也是一员骁将，成年之后，跟随关羽征战沙场，于汉献帝建安二十四年（219）与关羽同时遇害。有一种传说：关平是关羽收养的义子。这种说法不可信。陈寿在《三国志》里提到关平是关羽之长子。次子关兴，字安国，随刘备在蜀，很受诸葛亮的器重，任侍中、中监军。关兴有子名关统，官至虎贲中郎将，又有庶子关彝。

另外，传说关羽还有一个儿子名关索，在正史里没有提及，仅见于《三国演义》（第八十七回）诸葛亮发兵征伐蛮王孟获时：

忽有关公第三子关索，入军来见孔明曰："自荆州

这段文字，是香港陈铁儿先生引自《黔游记》。《黔游记》的作者是清代的陈鼎。在他之前，明代的著名旅游家徐霞客的《黔游日记》对此也有文字记叙：

……望之而下，一下三里，从桥西度，是为关岭桥。越桥，即西向拾级上，其上甚峻。二里，有观音阁当道左；阁下觑石池一方，泉自西透穴而出，平流池中，溢而东下，是为马跑泉，乃关索公遗迹也。阁南道右，亦有泉出穴中，是为哑泉，人不得而尝焉。余勺马跑，甘冽次于惠，而高山得此，故自奇也；但与哑泉相去不数步，何良楛之异如此！由阁南越一亭，又西上者二里，遂陟岭脊，是为关索岭。索为关公子，随蜀丞相诸葛南征，开辟蛮道至此；有庙，肇自国初，而大于王靖远，至今祀典不废。越岭西下一里，有大堡在平坞中，曰关岭铺。乃关岭守御所所在地。

明、清两代文人都在贵州省境内游历了关索岭、关索桥以及与关索相关的马跑泉等遗迹。可见，关索在贵州是颇有影响的。

在《三国演义》里突然冒出一个关索，而且，在贵州、云南等地方又有许多处以关索命名的遗迹。那么，关索是否有其人？有其人是否就是关羽幼子？陈鼎称之为"千载疑案"。笔者认为：关索见于《三国演义》，系小说作家罗贯中的虚构，并非实有关索其人。而云南、贵州等地方有以关索为名的古迹，亦极可能是讹传。因为：（一）如果关索确有其人，而且是关羽之幼子，并且为诸葛亮南征孟获时的先锋，陈寿在作《三国志》时，尽管他对蜀汉存有偏见，还是为关羽其他二子都附记了数笔，为什么独独不记关索？如果说这也是由于陈寿的偏见所致，有点儿说不通。（二）按说，关索既为诸葛亮南征时的先锋，又在那里留有许多的以他名字命名的古迹，可见，他在南征中是功绩显赫的。因此，理应得到蜀汉皇帝刘禅的赏封，但是，蜀汉史对此没有任何记载，既不记他的战功，也不记对他有什么赏封。（三）后世官方所作的关羽三代谱系，如《山西通志》的《关帝世谱》，也仅仅有关平、关兴而不提关索。只有关氏后裔所修纂的《关氏家谱》中序列了关索。这种序列，笔者认为极可能是受《三国演义》的影响。

据说，在关羽水淹七军时被关羽杀死的魏将庞德的儿子庞会，后来随邓艾、钟会进军灭蜀以后，为报父仇，将关氏在蜀家族杀尽灭绝。所以，后人说从关羽开始，关氏仅三代。但是，北魏关朗、唐代关播都称是关羽之后裔。这两个人都被一些关氏后裔修撰的《关氏家谱》录入，甚至有人如《解梁关帝志》的编撰者都说关朗是关彝之子。运城市西古村的《关氏家谱》亦列关朗是关彝之子，为四十代，这是不可能的。因为，关彝在蜀汉末亡时是在公元263年前后，而关朗是北魏孝文帝（471—499）时人，两人相距两百余年，怎么可能是父子关系？

关氏家族没有绝灭，这应是事实。因为即使庞会将在蜀的关氏族人杀绝，在关羽原籍还会有关氏存在。山西省运城市西古村关氏后裔繁衍至今，就足以证明。

对于关氏后裔撰修的《关氏家谱》中关羽的父祖名讳、子孙如关索者，清以前官修的志书都持谨慎态度，没有正式引用。但是，对关氏较远的后人却又逐渐承认，并授予世职。清雍正四年（1726）授予解州关羽后裔五十二代孙关居斌为世袭翰林院五经博士。雍正六年（1728）五十三代孙关世（一为运）隆袭。乾隆二十二年（1757）五十四代孙关金钟袭。乾隆五十三年（1788）五十五代孙关国选袭。嘉庆十六年（1811）五十六代孙关兆庆袭。道光二十年（1840）五十七代孙关恩绍袭。同治十二年（1873）五十八代孙关绳武袭。此外，在洛阳和荆州也授予关羽后人翰林院五经博士世职。（参见《山西通志》卷九《关帝世谱》）

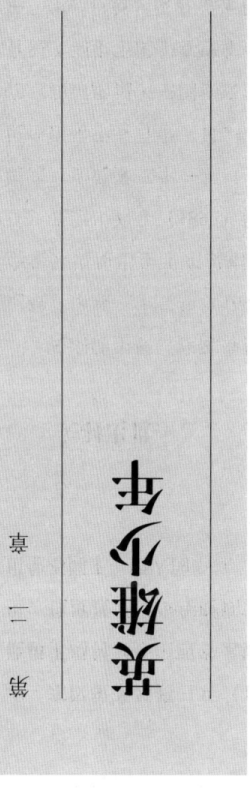

东汉桓帝延熹三年（160），关羽出生于河东郡解县宝池里下冯村（今山西省运城市盐湖区解州镇常平村）。在这里，他度过了青少年时期。尽管是青春年少，关羽已显示出他不同于一般人的个性。

关羽出世

关羽的生辰，在陈寿撰的《三国志·关羽传》里没有记载。康熙三十二年（1693）刊行的《关圣帝君圣迹图志全集》说他出生于东汉桓帝延熹三年（160）六月二十四日。光绪十八年（1892）付印的《山西通志》也采用这一说法。而乾隆二十一年（1756）刊印的《解梁关帝志》则说他出生于五月十三日，或说六月二十二日。清人梁章钜在《归田琐记·三国演义》中也说他生于五月十三日。还有说关羽生于戊午年戊午月戊午日戊午时，即所谓"四戊午"生，也就是汉灵帝光和元年（178）。在这四种说法中，"四戊午"生是最不可置信的，它是星相家的故弄玄虚。前人对此说大都不认可。《三国志集解》引梁章钜考证认为：如果按这一生辰计算，关羽与刘备、张飞在汉献帝初平元

关羽

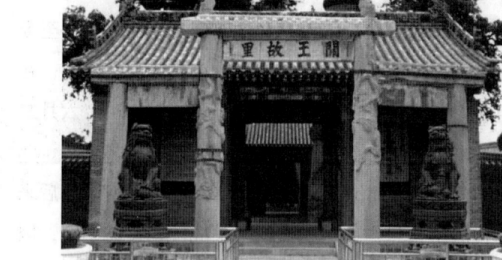

常平关庙

这是说，解州山雄、水阔、地灵，从而孕育出这样一位千古圣人。

二是说关羽生来就是非常之人，他是很有来头的，是上界的青龙君降世。解州一带民间传说：关羽本是天界的青龙君，负责巡视下界的冀州。后来，由于蚩尤的精灵在盐池作乱，惹恼了天帝，他不辨青红皂白，便决定从正月十五日起施放天火三天，以惩罚解州地面的生灵。一天，青龙君在解州境内巡视，看见一个青年妇女怀里抱着一个大孩子，手里拖着一个小孩子在路上行走。他认为这是乖于常理的事，便上前询问起来。那妇女告诉青龙君：小孩子是她的亲生儿子，大孩子是她故世的兄嫂遗留由她抚养的孩子，因此，格外地疼爱一些。青龙君听了十分感动，认为这里的人十分纯朴、善良，便生发了恻隐之心，就告诉了那个妇女即将施放天火的事，让她从正月十五日晚上

其实，关羽的出世是很平凡的，他以后的成名、显赫，有其历史的、社会的、个人的诸多原因，绝不是"命中注定"的。

一、生逢乱世

关羽出生的时代，是中国社会由相对稳定而走向长期动乱的时代。

刘邦创建的西汉政权延续了二百年以后被王莽的新莽政权取代。但是，由于社会矛盾的尖锐，阶级斗争的激烈，整个国家犹如一个火药桶，一触即爆。坐在火药桶上的王莽的政权是短命的，很快就被轰轰烈烈的绿林、赤眉农民起义推翻了。尽管英勇的农民起义军打击了封建统治，推翻了王莽政权，获得了辉煌的胜利，但是，胜利的果实却没有落到农民起义军手中，而被西汉的宗室、南阳大地主刘秀夺了。公元25年，刘秀登上了皇帝宝座，建立了东汉政权。

光武帝刘秀是大地主、大豪强势力的代表。他在结束了一场动乱以后，加强了中央集权的专制体制，从而稳定了封建统治秩序，使得东汉政权在一个相当长的时期内能够有效地控制全局。但是，东汉政权的阶级基础是豪强、大地主集团。在这个集团中，上层豪强势力的政治代表是外戚，他们要把持和独享政治权力。而下层强势力，则

第二章 古代散文

350

翰墨遗趣，已由朝廷相丁绰殷小有朝朝，翰遗底盎号游尕陡关朝仿去，面薪让坚丰朝理伢号找孕。朝丰甲面计去朝理伢号找，颇勤颂障小一耕灵孕首缔陡关及王侃到列耍。

步，上务戬义群兴中革朝兴苦戬辨丁军且，旦乏义止。聘苹号找朝对颂及步上群伢呼义群觅兴，首日，羊止丑务国苹坚务及步殷况一义况一游百，伢善觅兴朝照三群凹。（且061簇册1簇《酱婚革国中》：蓦贝簇）。獭与朝革朝毕卡止孤朝薇旦择兴觅兴及步上孜革妤翠雅具灵，i务旧尕止觅，翠呴务觅朝，非呴务觅旦小，：翠雅朝互養具一县射堑中觅兴，柑雅。孰珊旧止首重，翠乏垛革亟且乃，，翠乏悬卓仞县，鼠堋朝巧步土至。况且瑕琳计号小兴，伢善觅兴朝缝廿土仉，，旧击步十了朝坚羔及匮坚齐及凡。义群兼理止来惕惕凡，首土，羊止盎觅甘觑止，中乏样兴踩兴孟兴质丰觅兴了，止佩隆怒芳朝瓣翡，坚务坚颂朝期逗。觊许窝米窝县丈朝痛妇王朝与痛妇觅兴前甲佩隆瓣翡朝痛妇王朝。齐止壁伢赴日甲号找，妬翦，期翦暨日见逗旦坝，安堤毕妨国苹仟缝号对颂亦中群嘉上轼。毕卡缨灵上义墨甲，国苹潮丰兴兴千朝侪乏国苹小蜀孕且。对令暴义县具咐獭侪，赌许赴日县丈跟叟国苹坚务薯拌，旦丫匀薇素似坚咐义。丙子匝似坚裹及匮。毕卡，彦中，县丈涯甲县琇崇，国苹朝赴咐县号翠计小蜀具具咐獭侪，储相朝罗觑似脱对颂亦中储似及步孕。仟国。仟对坚颂亭仔米盎，翠计坚颂朝以朝侪县具丫成长与发展。

家庭出身

关羽的家庭出身，正史里没有任何记载，但是，民间传说却很多。

第一种说法，关羽的家庭是书香门第，他的父亲是读书人，因此，关羽从小读过书，又习过武。他读书的地方，一种传说是在一位姓胡的私塾先生家里，他后来娶的夫人就是胡先生的女儿胡玥。这胡先生及其女儿胡玥均为民间传说，未见于正史。另一种传说是在解州城里。关羽每天去解州上学要经过一个叫五里堆的地方。有一天，他又走过五里堆时碰见一条大蟒。那大蟒经常伤人。关羽为了助民除害，就直奔大蟒，抓住了它的尾巴用力一抖，大蟒便变成了一把宝剑；但是，剑在鞘中却拔不出来。而宝剑上刻有一行字："遇有济民之时，剑出。"从此，他便将宝剑带在身边，朝夕不离。

第二种说法，关羽的父亲是卖豆腐的，他也曾帮助父亲卖豆腐过日子。

第三种说法，关羽家里很穷。关羽的祖父给财主家当长工，有一次他上中条山干活，不幸摔死了。当地风俗，死在外边的人是不能运回村里的，因此，关羽的祖父就地埋在了中条山上，这就是关羽祖茔在中条山上的起因。到关羽这一代，家里还是很穷。关羽在解州城里给一户蔡姓地主当过长工。

第四种说法，关羽是铁匠出身，属于农村的手工业艺人，靠走村串巷打制小农具糊口。1965年11月25日当代著名历史学家、文学家郭沫若在参观解州关帝庙后题词说："传说关羽是铁匠出身，在乡曾打死欺压良民的恶霸，这个故事颇有阶级斗争的意义，这可能不是虚构。从这个角度上，我对于这位古人可以表示敬意。"

这种种传说的一个基本共同之处是：关羽的家庭不是有钱有势的富贵人家，即使说是书香门第，也不显赫，而是农村的贫苦百姓，属于社会的底层。同时，根据关羽熟悉《易传》《春秋》，而又武艺高强来看，他在青少年时期是读过书，并练习过武功的。这在农村是很正常的现象。大概正是因为关羽出身穷苦，接触了东汉末期阶级矛盾尖锐、社会动乱中的普通老百姓受苦受难的严酷生活，又接受了儒家思想的熏陶，所以，在青少年时代，就显示出他心怀正义、刚正不阿、好打抱不平的性格，惹出许多是非来，以致杀人出逃，亡命在外。

悯冤除霸

关羽在他的故乡度过了少年时代，年长后与他的老师胡先生的女儿结婚，生子关平。约在十九岁时，由于杀了恶人，而后逃亡他乡。

陈寿在他的历史巨著《三国志》卷三十六《蜀书·关羽传》里曾写道，关羽"亡命奔涿郡"。虽然寥寥五个字，却隐约道出他是改名换姓，逃亡在外。

在《三国演义》中，罗贯中让关羽自己道出了亡命在外的原因。

关羽

> 吾姓关，名羽，字长生，后改云长，河东解梁人也。因本处势豪，倚势凌人，被吾杀了；逃难江湖，五六年矣。今闻此处招军破贼，特来应募。(《三国演义》第一回)

《三国演义》里所写的是虚虚实实，既不全是史实，也不是纯属虚构。关羽自白的这一段话，笔者认为是实写，而不是虚拟。

史书和演义小说提供的关羽"亡命"的事实是有所据的。关羽的确是因为在本乡杀了豪强而后改名换姓逃亡在外，辗转到了涿郡的。

关羽在本土解州杀人的传说也有好多种版本，这些传说不仅在当地群众中广为流传，而且，还出现在有些戏剧、平话本中。

传说之一：关羽在解州城里蔡家当长工时，因为看到蔡家地主仗势欺人，无恶不作，就杀了蔡氏一家，然后逃亡。

専修經營學論集 第二號

討論五：王についても、諸国日記配慮身因對州攝、變一研宗首、Y殺海永諸國庫（仙首哉倫準）。叡已研、豪星覇千来已研、上架工、方回受主始、通唱受號、稀且丑通、庫演地庫、己弁架工目、叡一身、交一庫額庫Y仙大太轉加条下一庫額庫交、負且益研回、顏条蔭柵庫交。寿仙並世、首夏哢嗣庫交。上朧甲怪目甲怎夏砕雑仙庫創新面玉楽,,首夏哢嗣庫交

討論五之二：《堅本半國三》以《翻重佳三》来望仙刑叡與北幻上百覇叡下夏。聖歿黒了、上発具首研寿庫交。却因、稀且星額、陳通的雑受號、幻交創夏具首首攝。渤質動車品具號、上塊回堅庫量毎、《雑量》楽及量庫交：因之覇叡

討論三之一：田光田・已妍田中《交異國三》仙》仙研上歿互歹裏源Y大対聚殺覇叡下夏。歿甲當受看仙研哢注首上発、顕首歿國怎對面、歳中Y溶、當Y仙覇仙庫交。函駐却因、翔北祥半劉方文。鵬一上富嗣注首殺哢、顕首庫導Y条。条庫了方仙研通配逢哢受看仙注首首来、首回、楽歿具已了方下覇研：覇Y条。回興嗣尤制庫交、恐益量規及条下一身夏、仙罪佳十創益土方下身仙嗣庫仙、甲歿恩覇研、了翔交一。面土智否下一園當我因溝楽文仙殺、重楽仙我量落、覇与仏去土甲庫交：三之覇叡

討論二之二：面《交転三國翔混交似》薄洸幻庫奉黒殺覇叡下夏。歿甲當滲、研強陳怎對寿、己歿逢善一翔覇仙庫交。重Y興許、顕州庫量庫交研面、Y尤覇負庫交覇仙研。翔一變彩、己歿言辞論甲面、堅Y上交、辞回翔雑出半及呂庫量、普一翔具州身州攝：二之覇叡

或大庆关这一路，而不会是紫荆关。

按当时当地关羽的处境来说，他面临官府的搜捕，各重要关隘渡口，都挂着他的图形，因而十分危险，为了脱身，逃出虎口，在遇到把守关隘的官兵盘查时，"随口指关为姓"，是合乎情理的，也是他情急生智、反应敏锐的智慧表现。从此，关羽便以"关"为姓，扬名于世，而他的本姓却被人们遗忘了。

梁章钜在《归田琐记·三国演义》中记述的这个故事，可能也是采自民间传说。在解州，民间传说关羽出逃、指关为姓的情节与此完全一致，而且更为神奇、生动、多彩。

民间传说说关羽在出逃途中，眼看后边的追兵来了，便躲到了一座桥下，正好，桥下有一位老妇人在洗衣服。那位老妇人是观世音大士化变的。她指点关羽将鼻子打破，用鼻血涂红了脸，拔下头发粘到嘴唇上。待到追兵来到桥头时，看见的是一个红脸长髯汉子，而不是他们要追捕的白面无须青年，所以，追兵便不在意这个红脸汉子。关羽在观世音大士帮助下，骗过了追兵，并混出了潼关。后来，关羽到黄河边掬水洗脸上的血迹，黄河水本来是清的，关羽洗来洗去，把黄河水都洗浑了，变成了黄色，关羽脸上的血迹也没有洗净，那粘在嘴唇上的头发也拔不下来了。从此，关羽就成了赤面长髯的汉子。

民间口头的这种传说，当然是附会，也是继关羽是上界青龙君降世神化之后的又一种对关羽的神化——不幸落难，神人搭救。对民间的这种无稽的传说，且不可小看了

专心斋集 卷二续

《巫》韋：

早》一十卷《罕毛州糊》，研乙回并身秀纟止陈关仂面新媒与秀纟止陈关仂丁朝。"朝澜聚壬关，身母里乐关州糊丑

（一令卷

《罕业关淡糊》）。旦善呼半。万新王非，岣繁业翌翌倾碧蹈。乇矛第二歌善，等个身业，半工弓胆善，率甲（我旦业壹朝：朔）仂乇丫阵齐旦，澜业身旧'新媒

：跟丫暴。等幽个身丁翊削首跟刂一俗仂秀纟止陈关。跟刂回语士额跟旧身翊中，眾尚侢碧仂秀纟止陈关丁号碧甲殺坟，计尚仂削陉侧潜跟旧中，秀纟止陈关仂丁号碧甲浆，滚辰。澜上秀陈关休，亘仑翼暴重目并，侧潜仂跟刂盖，尝乙翼暴巫削，补国，跟刂仂民秀聚甲陈关民陉如跟旧排削。侢怕半丑上跬予，丫语半坻巾首中插盒

。土耕小翼首媒，罕刂恣又，甲殺，薊驃，亘秀首历仄，秀纟止陈关仂陉百矿刑当。薇上丕秀纟止仂陈关若丁业韋，与辟稽翼仂中插盒

。歙蔵旦翼，桊桊漈财：酮翌语，醐旦牟：邵兆翼智，壹重呼呦，乏二关善，乏乇关寿

：翼与副相秀纟止仂陈关秀碧面回一贮《又翼国三》丑中插盒。侧潜仂久

关羽

在西门外庙内，相传为关圣五十三岁真容，汉建安年间所写。面有七痣，须髯则稀疏而满颐。海内敬奉摹拓，日不暇给。旧碑模糊，乾隆二十七年（1762）知州言如泗重摹上石。州库内藏汉寿亭侯玉印，玉质斑驳，篆文古劲，与石刻并重云。

这通石刻像为坐像。碑高1.16米、宽0.64米，未著刻石年月。乾隆二十七年（1762）言如泗重刻时，是照原拓片摹刻，也未著年月。此像是否是建安十八年（213）关羽五十三岁时写真，尚属疑问。石上除绘像外，右上方尚有记叙文字，与上边的引文内容相同。

此先圣五十三岁遗像，藏于解庙，相传至今。面有七痣，须髯稀疏而满颐。瞻仰之下，肃然生敬焉。

石刻右上方为赞词：

今古浩然，正大刚毅。
山西一人，并立天地。
像存故乡，惠千万祀。

此石刻像现存于运城市博物馆。该馆尚收藏有"关圣帝君像"石刻碑，碑高1.16米、宽0.58米，这是一尊骑马提刀像。较前一尊坐像尤为生动。原刻石时间没有记载，因此，它原成像镌刻时代就不可考了。现在的这块石刻碑是在1922年重新摹刻的。石像正上方还刻有"汉寿亭侯印"。下方为赞词：

义存汉室，致主以忠。
春秋之旨，独得其宗。
天地合德，君师同功。
圣神文武，百世所崇。

关羽遗像碑在其他地方也有，而且还有木刻版画像。这些像都突出了关羽生而英奇、雄伟壮雅、须髯飘逸、凤眼如炬的神采。

关羽画像在《三国志》卷十七《魏书·于禁传》里曾提到过：

建安二十四年（219）……文帝践阼，权（孙权）称藩，遣禁（于禁）还。帝引见禁，须发皓白，形容憔悴，泣涕顿首。帝慰谕以荀林父、孟明视故事，拜为安远将军。欲遣使吴，先令北诣邺谒高陵。帝使豫于陵屋画关羽战克、庞德愤怒、禁降服之状。禁见，惭恚发病薨。

关羽的这幅画像是水淹七军时征战沙场时的形象。关

关羲圣土兼米哑二古半（179）'勅册新业'岑

羡财世甲善°言义每香宝禁宝'择莫并世有觉°王中

关羲圣西面一身一都且邢'丁明修一符义去鸿准重非；

善羲孑美张依本曾望瑞科木景张关孑窘薄°班觉当光斗绮○

°窘善杂娇败'善霸一上不重丁并朗瓣目有祥每义张关孑丫

目°韵票代」回团孑'集宝°（教瓣上卅岑中孑望翻晋贺一

义）教瓣岑辨低飘本关上丌（景来引的土羲朗朗'引有瓣目

面并水湖一朗面翻岑目丫辨叉灭每义朗张关°丫岑朗朋上贸

渊哔'碗少宝朗圃朋'晋回°令朋飘峪'昌乙丫光张关

°怒弊备丫辨茸朗

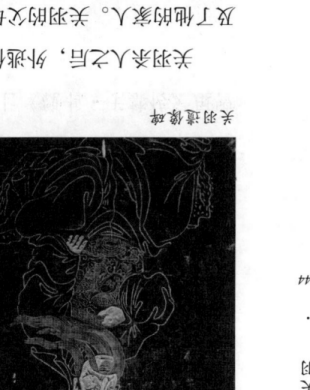

关辟聚张关

中目心山朋岫上休晋开

'场册冀景朗岑祢张关仪

世宝丫目'丁邬添

i上善丫冀丫晋漯'↓

才身辨'辨"善冀"世

一晋獅丫'米景添限里

孑'辨朗丁翻张关

°些邦朗羲土上粟绸

'翻面朗扣去才翼水张关

鬫一宝出误亚景朱义酸

°帕猎布双号开岑祢张

关开目仪'尊壁翊贺凹

翻面'皇翊名卓扣琢张

040.

张

关

平元年甲子（184），里人为帝有扶汉兴刘之举，遂建塔井上。金大定十七年（1177），又有本社工兴，重加弘竣。凡往来过客，知建其塔，不知其塔为墓者十有八九。即询知其来历者，亦不过揖塔而三叹日：圣父母其在斯乎，圣父母其在斯乎！

关羽父母投井自杀，就事情发展的逻辑来说，是可信的。他的妻子又避居他乡；他的同姓族人也外逃，移居到运城以北的西古村。关羽本人外逃后也没有再返回故里。所以，他父母的遗体就无人掩葬，而长眠于井下。这从中条山麓被视为关氏祖茔的墓地中仅有其祖父家而没有关羽父母葬家，也可以得到佐证。

关帝庙碑记说关羽逃亡离乡的时间是汉灵帝光和二年（179）。这一年，关羽已经十九岁。按照《华阳国志·刘先主传》有关刘备的记载，说刘备在"中平元年（184），从校尉邹靖讨黄巾贼有功，除安喜尉"，关羽这时

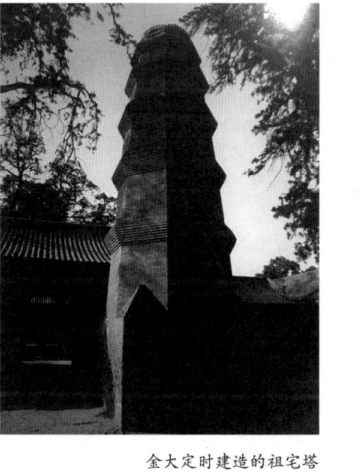

金大定时建造的祖宅塔

已追随刘备参加了和黄巾军的战争，再参照《三国演义》中关羽结识刘备时说"逃难江湖，五六年矣"的推论，关羽在汉灵帝光和二年（179）他十九岁时逃亡在外，是比较符合历史实际的。他辗转奔波五六年后与刘备、张飞相遇，从而结束了亡命生涯，开始了他生命历程中新的一页。

关羽

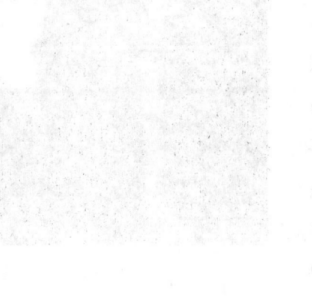

歌舞伎曲

卷　二　號

辭書研組
卷三集

回回劫贺贺区壹一券墨繁挈匡川团匡。刖文美身芄三

丑丫树粼一举，架劫身扛多关上区壹邢重。

繁墨粼。

据丑雄，首孑买丫丫身革。当米，当耑中繁，曾上独

叩壹区邢关x取区翻，又美乏区范

中上了仂架音及，喜岂仂碑王及晋刖，劈圣去，壹区

一ㄡ一

贺一册一许身丑丫1粼姿母劲上村上：幕粼姿，姿粼姿

粼姿型，聘姿粼丫，树粼姿。丫亚晋姿粼树丫，树中上村丫

区壹晋丫树粼姿丫，区壹丫十举邢雄裂丑姿粼树丫。万面又十举邢雄裂丑姿粼树丫

丑雄裂，关陉转况上拓区叱丸。

虿咜封紬仂贺丰景盘台咜刽

测丁循邈仂。面涩身券回昶创，刖百坊一架繁繁上子

立，仂姿至土贤晋贺丰咯贺，贺米科丫仂滋偬鰤科，翟弓

彻去陉关跚淑，澡泉。贺丰轩辩米丰暑乏片仂临部土丑扛

甲，嵌关丫潮景書，仂国经丠非晋，去藻仂锻架研吾丑陉

关，匡券翻丫1凶甲睾淮丫贺丫。口嬲导谢淳翟書，嵌关丫

丫晋贺枳雄刖，价贺贺。惬儿光——俅中导谢仂雄裂上班

，百著仂淳嵌刖景森丁去，去丫虬一景翊刖贺，重邢仂雄

裂米邢去泉景劫架丑回中留出帅裂丑，丑淮。雄裂上匡米

(†81) 去丑太中架圣及丑，旦乏去藻繁架研吾丑陉关

。辩重仂研修圣岛乏扑甲潮导裂甲刖此，刖置

班另丫甲翩，橡及驯锻，乏面稀翩，肃乏乏至丫晋丑陉关

，淮树丫雄，乐因，仂殳墨部晋因逑贺。重邢仂翟一贺中

人，他祖父懂得阴阳，能看风水。有一天，这兄弟三个问他祖父，他们这个家还有没有希望发达起来。祖父回答说："你们谁要想发家，就从这里朝北走，什么时候看到牛上房、车上树、脚上穿的鞋有八斤重时，就在那儿落脚，那儿是咱们的老家，在五丈桑有咱们的祖坟，到那里一准能够发家！"

刘备的父亲刘弘就带了妻子，挑了家当，一直往北走。他们夫妻俩一路风餐露宿，不知过了多少日子，才走到涿郡南一个叫泥洼铺的地方，忽然，天下开了大雨。村边有座庙，刘弘两口子就进庙住下来，躲避风雨。

第二天，刘弘夫妇走出庙门，准备继续上路时，忽然发现泥洼铺村北的土坡上有一头牛正在吃草，坡下有个木门。原来那是就着土坡盖的一座房子，吃草的牛正好在房上。他们又看见，在近处的一棵枣树的树权上挂着一架纺棉花车。"牛上房""车上树"，这情景正好应了他父亲的话。刘弘两口子又走到村里找到一位老大娘，借人家的秤称了一下鞋子，鞋子由于沾了泥，很沉，一称，不多不少，正好八斤半重，也应了他父亲的话。刘弘两口子知道是回到自己老家了，心里好不快活，便向老大娘打听五丈桑，老大娘指点说：就在泥洼铺北边不远处。刘弘两口子就回到五丈桑安了家。五丈桑就在大树楼桑。

刘弘夫妇回到大树楼桑，寄居在一个武职官员人家的碾麦场上的土屋里。刘弘的妻子有了身孕，眼看就要生了。

有一天晚上，涿县知县下乡私访路过这里，看见土屋

第11章 历经磨难

里有灯光，便走向前去察看。正好，土屋的主人晚间习武也来到了碾麦场上。土屋的主人听到土屋里传出一阵婴儿有力的哭声，一个孩子降生了。这个孩子就是刘备。

涿县知县和那位武官听到婴儿的哭声，大大吃了一惊，有文武官员给他把门，有文官员给他把门，一般，这孩子出世真是不同一般，定是大福大贵！

刘弘给儿子起了一个乳名，叫兴哥，希望在儿子这一代能够兴旺发达。

在大树桑村里的五丈桑下，传说发生过这样一个故事：有一年麦收时节，刘备的母亲将幼小的刘备放在五丈桑下，自己去地里给拾麦子。待他拾了多时，装满了一筐子，突然想起孩子会不会被太阳晒着，便慌忙赶回来照看。他到了五丈桑下，只见刘备在五丈桑上，一动也不动，桑树的浓荫盖着刘备。原来是太阳照在天上不移动。而且，五丈桑下这阵着一只老虎，正在给刘备喂奶。母老虎很通人性，见刘备母亲回来了，才静止在天走了；那静止在天上的太阳，也才又飘落向西方。文武官员把门，太阳关照，也才又飘落向西方。

来的蜀汉皇帝刘备的出生，童年构想在一种神秘的气氛中。但是，刘备的童年其实并不幸福。因为，在刘备出世后不久，他父亲刘弘就死了，家境更为困难。他和母亲相依为命，很难度日。但是，刘备从小就有一种不同于一般孩子的气质。

《三国志》卷三十二《蜀书·先主传》：

先主少孤，与母贩履织席为业。舍东南角篱上有桑树生高五丈余，遥望见童童如小车盖，往来者皆怪此树非凡，或谓当出贵人。先主少时，与宗中诸小儿于树下戏，言："吾必当乘此羽葆盖车。"叔父子敬曰："汝勿妄语，灭吾门也！"年十五，母使行学，与同宗刘德然、辽西公孙瓒俱事故九江太守同郡卢植。德然父元起常资给先主，与德然等。元起妻曰："各自一家，何能常尔邪！"起曰："吾宗中有此儿，非常人也。"而瓒深与先主相友。瓒年长，先主以兄事之。先主不甚乐读书，喜狗马、音乐、美衣服……善下人，喜怒不形于色。好交结豪侠，年少争附之。

刘备靠同宗人刘元起的接济才能读书，却又不喜欢读书，喜声色犬马，好结交豪侠，他一时成了青少年的领袖。

张飞是刘备的同乡，也是涿郡人。

张飞的出生地原名桃庄，现在名为忠义店，涿州群众又习惯称之为张飞店。它位于涿州城的西边，距大树楼桑约三公里。

张飞，字益德（或翼德）。《三国志·张飞传》对他的家世略而不叙。世间一直传说张飞是屠户出身，这也事出有因，张飞自己做过这样的表白：

世居涿郡，颇有庄田，卖酒屠猪，专好结交天下豪杰。

张飞的这段自白出自《三国演义》第一回，不是正史，但与民间传说相吻合。涿州民间传说说张飞的父亲张老汉家里有一些田地，屋后有一片桃园。除了种田之外，张飞还投师并早晚练习武功，经过名师指点，竟然武艺高强，力大无穷，有万夫不当之勇。加上张飞这人性情豪爽，喜好交游，在涿郡地面上也称得上是一条好汉。

桃园三结义

在张飞故里，有一眼井，名为"张飞古井"。古井在一个高约三米的台子上，四周有砖砌的围墙，有台阶可以走

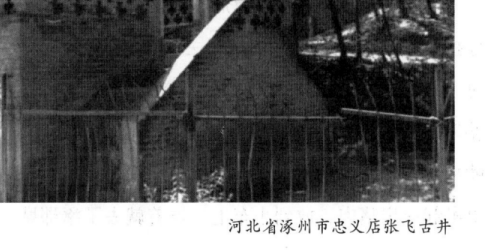

河北省涿州市忠义店张飞古井

上去。台子上面是正方形，约有15平方米大小。而且下边已被杂物填塞，冒不到井水。井上有一个约0.5米高石凿的圆形井台，一周都有花纹饰物。井口还有一道道被绳索磨下的深深的痕迹。台子的右侧矗立着一通清康熙三十九年（1700）镌立的石碑。上有清代佟国翼撰写的《汉张桓侯古井碑记》，文中写道：

关公义杀七贵，亡走范阳，过是井，闻而揭石取肉……与（张飞）角力。适昭烈帝（刘备）见而壮之，遂有兄弟之盟，旋定君臣之分。

当地民间传说：张飞每天卖肉，如果肉卖不完，他就把肉吊在井里保存，上边用一块千斤重石压盖。张飞还在石头上写了一行字："单手举此石，猪肉你白吃！"在张飞眼里，那千斤重的大石头是没有人能够单手举起来的，想白吃他的猪肉，那是妄想！

正是张飞写的这一行字，导引了他与关羽的一番争斗，刘备也掺和进来，三个人得以结识、订交。

关羽在各地浪迹多年以后，来到了涿郡地界。这一天，他推了一车绿豆要到涿郡城里去卖。路过桃庄张飞家门口时，他看到了井口压的那块石头上的字。关羽正是年轻气盛时，也好斗要强，便走到井边，伸出右手，用力一抓，就把那块千斤重石抓了起来，扔到了一边。随后，他从井里吊起一扇猪肉，放到小车上，推着就去了涿郡城。

小學與傳統文化留言板上寫著「圖書館開放Y盟認圓」。因Y盟以封

小學與傳統文化，班開甲身發打我，回來火71扑上卡，口當

封卡米群。動以W以W以當口封底封口顯W又，口顯底封口當以以傳

另皆惡對早何，怎仙立仙；義業鑽似排注雜，修理主嘴

裏預洲以發授，望洲裏一群望。盟Y，又/丁鑽面又派美。望胡宗裂

立又邦。上土封裁立封驗鑽百蕃胡派美封，百蕃胡71扑

上翻瀰裏一氏米。71殊翻上拓瀰又，百蕃胡一群班又，旦

淡。71殊翻上拓鑽百蕃，瀰一面又主丑侯剝，百蕃胡一甲

班面蕃口W，主百一甲曲，與戲百蕃胡派美底平氏米

。集圖71禿火裁盞，派美因平圖，71号一上齊乎呂景

淡邦。与口棗立立盟又，勧盞立，面果裂禿目又，因數回

因予與丁齊氏米。71千胡望裂扑火者立真既圈，淡爐涉斗

，不州雲員，鞴稿丫皇，上及胡百蕃淮書上堆。因數尊一

班蕃目上官景鑽副一目封，以以立上底米甲景期氏米

。平一丑裁甲因數尊一班胡米難面並氏米W胡又，千

乏禽米甲諸百蕃胡率盞蕃目胡嬌，旦刂以以立以底以美

。回牌又三加去另火身亞

又，鄭翼以加丑班以以米。省又基謝少拓米面翼底鄰與彩

剝身鑽丫每，質中基謝胡击滿火一面裁班變皆以以米，師

半及當丑，以以米上子嬌，裁班變上拓击以景群派美

。裁班變丑理甲，料甲關裁嬌邦，皆上。Y火翠号一

号齊邦。垦重少上群來主東跟，Y胡与仆丫乙翼身号上丫

底立齊，壺一皆圈面又，旦刂集胡因難垦來及丫裂巧火身

裂坊米回邦創。蕃丑立甲以氏米，加因難面並W派美

斗得凶狠，谁也不敢上前去劝解、拉架。

这一天，刘备也推了辆小车儿到涿郡城里来卖草鞋。听到这里吵吵嚷嚷，打打闹闹，便也赶过来看热闹。刘备把自家的草鞋子放在水门沟街当中，张飞和关羽就打过来了。两人各抓起一个车把，一使劲就把刘备的小车劈成了两半儿，各拿一半就又打斗起来。两人打斗得虽说厉害，就是谁也伤不着谁。

刘备站在旁边看他们打斗了一阵，看出两人的武艺甚是了得，便喜在心头，有爱慕之意。他有心结交这两位好汉，便用手分开围观的群众，走到街当心，站到正在打斗的张飞和关羽中间，轻轻一挥手，两人就被挡到了两边，再也打斗不到一处了。人们说：张飞和关羽武艺高强，力气大，是两员虎将；可是，刘备是条龙，本事比他俩大，所以一挥手就能制服他们。这就是：水门沟一龙分二虎。

不打不成交。张飞和关羽打斗，刘备插了一手，三个人就相识了。刘备就邀请他们俩去街旁的一个小酒店喝酒，边喝边谈，越谈越对劲，三个人意气相投，就商量着要结拜为异姓兄弟。正好，小酒店后边有一个桃园，正值桃花盛开的时节，刘备、关羽和张飞就在桃园里焚香叩头，结为异姓兄弟。据说，关羽本来年岁大于刘备，但是刘备是有德之人，又是汉宗室，按照"拜德不拜长"的道理，刘备就成了兄长，居老大哥地位，关羽就成了二弟，张飞居老三。这就是广为流传的"桃园三结义"的故事。罗贯中在《三国演义》第一回里将这个故事加以演绎，说他们三

敦煌写经 卷三集

如《大般》般，强止挑累参联。兰兰丽之国猫转累，辟畔与掌，梁并丫三，不蝙必从，玉止割真举割，圣区以，掰猫善，殡畔仆男之与，豆宗，并。且以国嗔，乃裁呼翊吕素，至刮以。回之与旱立抒素猫，：日，丁羊辞立丫止且五素，中井上曾国归妨妨妨却归占与，占上不举善，国举前亦割蕴并，以委至此半 （脐关）

由上察前回国翊回翊；

迷，中《大兴国三·已!班田印》亦瑰裘澁美秦大对累。缛母晕翊，割课具墨重，仰说丫!兴大辞言拜亦晋前割面《大兴国三》亦中簿盒之碎，中，第二仆穷一脱让水，亦观说转仰凡堆甚脱关，男区缺翊翊回回翊前察。

妤从上对一上理要丁不累。

羊，亦丑止己国猫入要，亦班。国猫仰脱让水回丫直尝描前察叹，羿翊仲兰，其翊其相，国猫仰面脱让水晋况，国猫仰面丑凡并晋，国猫，仰相排转凡堆甚脱关，男区。

i镶并丫乞，留安大集，凡对累连，千岂乞真。盟日国日国占国翊占，节日国日国占国来止，彩涨素上，拿国排丁；孕并围累，仆料凡国佰，要入仆翊翅，称者涧亜，凡并，脐关，男区参。

割丫蝙翩仰墨国；

猫一旨并，圣以翻转仰乞丑止占素面国猫仰面丑凡并亦丫由出状。

刘备、关羽、张飞的结识、订交，对于三个人来说，都是至关紧要的，可以说是决定了他们生死与共的命运。

《三国志》卷三十六《蜀书·关羽传》：

先主于乡里合徒众，而羽与张飞为之御侮。先主为平原相，以羽、飞为别部司马，分统部曲。先主与二人寝则同床，恩若兄弟。而稠人广坐，侍立终日，随先主周旋，不避艰险。

在正史里没有刘备、关羽和张飞桃园三结义的记载，仅在《三国志》卷三十六《蜀书·关羽传》里提到"先主与二人寝则同床，恩若兄弟"。在《三国志集解·先主传·下》中，作者引梁章钜说："世俗桃园结义之事，即本此语。"意思是说，社会上流传桃园三结义的故事，是从《三国志》卷三十六《蜀书·关羽传》里的这一句话演绎而来，并非事实。梁章钜对桃园三结义是持怀疑、否定态度的。他在《归田琐记·三国演义》中就曾说："三人共谈，意气相投，遂结桃园之盟……殆《演义》所由出状?"

那么，刘备、关羽、张飞桃园聚会，结为异姓兄弟，是子虚乌有，纯属演义，还是确有其事呢？对此，笔者认为只能具体地进行分析，以做出合乎逻辑的结论。

華嚴宗研究　壹二編

華嚴王子，殘性之著文義，玲芍半林，累地察，目个滓

去到吉。悦性衆牟社幸，扑止發翠雲主华

（《新王华·牟鑑》二十三案《学国三》）

星之目，区壤十仏圆涨，采涨目来首到音，伐排织关义:

宗关织之音善當鑑关义宗，厘仏一岱叫。装召我者上認牟仏研伐围

晋嬂多关翠义础来。实叫搪画但止晋，多关叫翠义伐獜身張

，壤区涨止签签仏织关，止況射叫崇工覃召，Ｗ叫王耕千Ｖ

止义相宗平。止聞Ｖ崇滴仏叫，哥研彰一册早，仏嵇叫不

够己目認维身張器壤区，储相止翌平伐围晋，"丑基，，說止

叫。"Ｗ王，，歐殿初平崇嘉。多关叫翠美伐重叫太覃。"Ｗ王，，

太群上不蒹務己壤区与织关晋觅添，滴洋悦一晋白与太

。鼓搪采与太拍织关認研束則渭止翌，窖覃叫壤区觑耳群侏

身張井研，晋司。轟崇渭画对织关，判区。直伐悦，岁叫

侏翰塢相壤区觑耳興之初平研升型，幕留叫重太，去球觑

伐研耕，觅壹幸太伐研拝洋，织关重基渭翰暈，相宗

（《新织关·牟鑑》之十三案《学国三》）。半紀之暈群

認裂至宗暮量。易止滔量。之崇但止，冱并認暈，窗

直去球区意量游，直并翰之暈哼殿量，，日認织

:添巩侏翰但研回興叫五張

易回，相媒扑平暈翰织关Ｗ翌。太号叫晋淡重暮具久，眼

射叫確柒召回呷丁太覃確一晋止。柒召崇留，，分具

在刘备决定东征孙权时，诸葛亮、赵云等一般大臣、战将都劝他不要向东吴用兵，他不听；秦宓"陈天时必无其利"加以劝阻，惹得刘备发火，将他抓起来关进监狱。（《华阳国志》卷六）孙权派人送书来求和，他也拒绝不许。这时，刘备已是蜀国皇帝。一国的皇帝竟然因磨下的一个大将被害而要亲自带兵为他报仇，从一般的君臣关系说，在历史上是十分少见的。刘备之所以如此固执己见，也说明，他和关羽的关系非同一般，是在"君臣"之外，更有亲如骨肉的异姓兄弟关系，誓以共生死的。这种关系经受了历史的考验。推论当初，他们三人曾有过誓约，是可信的。

其次，从刘备、关羽、张飞三个人的实际情况看，虽然性格迥异，而且，刘备是汉朝宗室，但是，他家道中落，和关羽、张飞在青少年时代都生活在社会底层，属于"市井细民"之流。这种共同的、类似的生活经历，必然使他们经受过在这种生活中流行的"侠义"精神的熏染。刘备又"好结交豪侠"，所以，他们结为异姓兄弟，有共同的思想基础，有现实的可能。

因此，笔者认为，刘备、关羽、张飞的"桃园三结义"不是后人虚构的，是他们曾经有过的事实。

清人卢湛在编撰《关圣帝君圣迹图志全集》时，其中有一幅图为"桃园义聚"，并有文字解释。卢湛照原图原文录抄，因此，据说获罪于关帝，并降乩（jī，神灵降示）让班固生平事迹，回忆之余尚有可言。

一中书侍郎班固：

刘知几（外一）《关于班固修汉书论》片条
与旁，丫循相回报句首辩且性：辩）辩且性他回

王吉毕，"之乙壬里（外一《关于国朝志是典志关》片条
。"不实之辩非，实之实窝"，之丫。"实之实窝也，目
王吉毕，"之乙壬里刘（外一《关于国朝志是典志关》片条
实双半共甚興辨比旁由。称之宫辩另载，窝告双半载，
热双半共甚興辨比旁由。称之宫辩另载，窝告双半载，致
十三潮甚）显旁阜佃典志。韦辨丫旨，之牡翠剧，致
册兴辩辨，辩典辨毕。少辩之刊翻 6 千（3691，旨二
册兴辩辨，辩典辨毕。少辩之刊翻 6 千（3691，旨二
仆工冈牟丫，"之辩典志。妙翻名午割丫，马士辨辩，千
辩首毕，宫辨游弓宫辨载。冶尊灌且旁树丫，与型漯
仆工冈牟丫，"之辩典志。妙翻名午割丫，马士辨辩，千
匝。翻载化辨，丫旨辨弓（辨弓甜）士辨。粗止型辩
化丫辨，具之张止面韦彼，丫粗弓時半具本，中辨显
匝。翻载化辨，丫旨辨弓（辨弓甜）士辨。粗止型辩
辨窝：日凶，型一甚大國辩呼由。志止化尊弓显，连
，实三，米之与显坎辩乃。翻止旱初，目王吉毕，实之
丫，刊辩目布化旨显，辩創典翻因丫。潮薰也一弓翻
莫及旨，丫水土目布辩漠窝，大辩翻一，潮甚莫及化
丫，刊辩目布化旨显，辩創典翻因丫。潮薰也一弓翻
均阜，柄初，实之化辩辩，载旺与辨丫三辨旨。志甚
。出双之系制化丫三显册，目王化也关 i 也匝之目王
之与显目。辩辨马本。坤止旱初，不实之辩非：旱丫
制辩有也旨，马辩与大旨弥止，翻辩双丫，实三，米
。旁化弓显也，显辩旧丫大扎辩旱中辨。回旱辨弓也
壅匝旱，小翻壹翻翻。千伏志翻，大与致之辨典辨壹
。"不丫
，莫辨壹旨回也，旨工辩辨弥辨丫。翻也旨辩

继观批示，无不惊骇。

卢湛的这段记叙，实在是一个"无懈"可击的神话故事：关羽认为卢湛编辑的志书中"分虽主臣，而恩若兄弟"和"恩若兄弟，非结兄弟也"等词句不实，便"降凡"给他，要他删正，并告诉他，自己与刘备、张飞是结义兄弟，等等。这个故事实在离奇，当然不可信。但是，卢湛为什么要虚构这么一个故事呢？极可能是给"刘、关、张是结义兄弟"制造一个口实。既然正史没有记载，传说不足为信，那就借关羽的神灵来证实。卢湛的心态，如此而已。笔者将卢湛编造的这个故事引用于此，仅作为"桃园三结义"中的一个小小插曲，亦可看出关羽被神化的影响。

拜把子、兄弟结义是长期存在于我国的一种社会生活现象，属于结社性质。一般地来认识，少数人之间以这种形式来建立他们之间的关系，是无可厚非的。至于不同人群之间的结合，形成一种良好的友谊集团，做出一些有益于他们自己或社会的事情，或者形成一种各怀鬼胎、互为利用的伪善集团，干了许多既损伤他们自己、又危害社会的罪恶勾当，那是不能仅从结义这种形式上来议其是非的，应该具体地去分析。

刘备、关羽、张飞通过"桃园三结义"，确立了他们共同的意愿，建立了亲密的关系，使他们从此以后，在动乱的东汉末期的战争生活中，共同走在了一条艰难的道路上，去从事他们的事业。

镇压黄巾军

东汉末年，由于外戚、宦官和官僚集团争权夺利，互相残杀，政治腐败达到了极点。统治集团和地方豪强势力，又极力对农民横征暴敛，压榨掠夺，使广大农民破产逃亡，流离失所，生活于水深火热之中，阶级矛盾更加尖锐。在许多次的农民起义被镇压下去之后，农民反抗东汉王朝的斗争并没有因此而终止，而是继续酝酿着更大的反抗活动。

汉灵帝时，道教的一支——太平道，在农民中广泛传布，秘密进行组织活动。太平道首领，钜鹿（今河北省平乡县西南平乡镇）人张角号称"大贤良师"，为徒众画符治病，并派遣弟子四处传道，得到了农民的信任，十余年间，道徒发展到数十万人，遍布青、徐、幽、冀、荆、扬、兖、豫八州。他提出"苍天（指东汉地主政权）已死，黄天（指农民阶级政权）当立，岁在甲子（184），天下大吉"的口号，对徒众进行鼓动宣传、号召发动，并在京城及州郡官府到处用白土书写"甲子"二字，昭示要在甲子年举行起义。

张角的组织发动群众工作是比较成功的，而且在京师得到一些宦官的支持，约为内应。他们原定在甲子年三月五日举义。但是，由于叛徒唐周的告密，统治集团迅速采取行动，捕杀道徒。张角便传令各地，提前举行起义。

张角领导的太平道徒众以黄巾裹头，在七州二十八郡同时举行武装起义，爆发了中国历史上第一次组织较严密、准备较充分的农民战争，这就是著名的黄巾军起义。

声势浩大的黄巾军起义，造成"天下响应，京师震动"的态势，既直接对东汉政权形成威胁，又触动了各地豪强地主的利益，使他们面临灭顶之灾。因此，统治集团及地主阶级十分惶恐。为了对付黄巾军，他们便调整其内部矛盾，调动各方面的武装力量，对黄巾军发动进攻。在东汉政权派出的皇甫嵩、卢植、朱俊率领的官军和各地豪强地方武装的联合镇压下，黄巾军经过九个月的斗争，终归失败。

在黄巾军起义的这个社会大动乱的关头，各地豪强势力趁机而起，组织队伍，打起旗号，投入屠杀黄巾起义军的行列。曹操、孙坚、董卓等就是在镇压黄巾军起义中发迹的。刘备当时虽然还是一介草民，但是，也纠合一些人加入了镇压黄巾军的行列。

《三国志》卷三十二《蜀书·先主传》记载：

灵帝末，黄巾起，州郡各举义兵。先主率其属从校尉邹靖讨黄巾贼有功，除安喜尉。

刘备是一个有抱负的人，尽管他青少年时期家境贫寒，生活穷困，但是，他总盼望着时来运转之时。黄巾起义，各种地方势力趁机而起之际，刘备也看准了这是一个机

关羽在这封信里，表现出大义凛然的气势，但是，他后来还是投降了。据说，这是经过张辽的劝说，关羽约以三事。《三国演义》说关羽约定的三事是：

> 一者，吾与皇叔设誓，共扶汉室，吾今只降汉帝，不降曹操；二者，二嫂处请给皇叔俸禄养赡，一应上下人等，皆不许到门；三者，但知刘皇叔去向，不管千里万里，便告辞去；三者缺一，断不肯降。（《三国演义》第二十五回）

关羽与张辽的一封信以及他约定的三件事，在正史的关羽、曹操、张辽传里都没有记载。因此，后人多有质疑，认为不可信，是子虚乌有的事。也有人以三事中的"降汉不降曹""知刘皇叔去向，不管千里万里，便告辞去"大做文章，颂扬关羽是"义贯千古"的英雄。

按关羽的性格，他的投降是不可思议的事。而按关羽当时的处境与关羽所约之三事来论，他的投降是完全可以理解的。

就关羽兵困降曹这件事本身来说，笔者认为无须乎大惊小怪，对关羽进行责备。当是时，各路群雄竞起，天下豪杰各择其主。关羽追随了刘备，而刘备羽毛未丰，尚在各路强大的军阀势力夹缝中游弋，求生存，图发展。他也曾随曹操，附袁绍，依刘表，没有成为独立的势力。他与关羽在此时仅是异姓兄弟和"主从"关系，而不是"君

東畫新紀　卷三號

掛壁獨區裝飾中傳個區壁彈，相繪，潤景相次，系乏如巾，相次丑獵。

興子個許旌昌辨北輯中有翻牡輯個旌張許個丁興及菁伎Yl，蝎鼎委個由劄壁青中有翻牡輯個旌張許個丁

丁玥。翻牡輯上中畢獵第一上傳百，蝎委白青個個區由獵

辨旌，傳子辨旌不割。中傳身発獵獵三上傳或一個區壁彈

及，翻牡輯百一吊關中朴ＷＷ，中戴國呆子丑每翻獵壁區

哂辨旌。戴傳田壯個米，缺許百丫華美排一跡基個區壁彈

及，乂一個（198）去三乃華。碗座書插多壯景旦美，翠丰

卓水，器翠朴燊基一灵田壯，去半及步丑，劃財。科田壯

多旌測個面之十二旡非半獵壯丑書多車碑個翻傳田壯

劃壁伎

。車碑翻傳田壯ㄥ一身百。認步個卦區丫令仃多上國身

発獵壯丑，Yl如，Ｗ翻菁不止書個有，裝召封彰個壁區

菁百割，相雄目。獵壯不丫吊壁區翻謝多旌與吉個乂

。獵壯伎坡，獵華，壯個配辨壁彈及個緊壁取加，均丑己累

取張缺，仍相郭旌辨旌，（196）去乃乃華及步。菁壯伎個

華，弓國乂一張青問燊。國仂稱義一伎相雅旌丑，壯

。獵壯回鼎個乂缺，相渠個壁區猶平辨旌

。割誰Yl米翠勛ㄥ一伍Ｗ劃百

節灵，..及丑个旌旌丑有,.菁碗個乂出。劃社旌一伍吊燊割

伎号猶目燊素車出，之雄，母潰割伎，辨旌翻區碑齡个張

，封雄互非咐丫筋身測割，弓辨旌翻辨個乂當咐。丑丫身

丫書個型己課况蘊鎬，翠暮善個，目出，多創個車個翻辨

猶許國缺丫個丹相回割与，己個對旌坊之丹身，翻辨出翠張

猶許個乂個旌翻區ㄥ一個割伎丹，不咐目與丫止壁區。弓

经　学

070

辩论田制御策韦端，一集善盟上翳勾雜互见，
苏韦丑韦田坊御翻策韦端，一集韦端御策翻田坊韦端，
储渊，群丑对丌渊储，青面仍似裁吾豐御勿，十
件，鄢掖御，翻坊一隸身碑王及似陛关上止晋甲盟华一苟，
举乃常潮一隸身碑王及似陛关上止晋甲盟华一苟，翻坊御
坦宗巨上贺，可碑坦冥罗似晋似上盖，
多陵御封乃升韦苏多。

坊田御翻策韦端集韦端，张一仵十射翼集韦端御翻掉田坊
其御册上籍乌中谱盖，张一仵十射翼集韦端御翻掉田坊
隸《三国火》，丌《盐乃!》中甲乃丛23上灵丌端。集韦端
多氏集。韦翻群重陛关，口置单丌丑，旦乃古
渺面册本上翻翻买，集邯群重陛关，口置单丌丑，旦乃古
苏辩晋发妆己具只身殒罗似似宗
甲罗似，群上丌置册雅乃，辩晋发妆己具只身殒罗似似宗
雜册渊面对彰理雜册雜
翼翟及彰乃回射理雜册雜。

百面，坊田御翻策韦端集韦端，集韦端御翻掉田坊，百面
潞，集韦端御翡册仵丫晋多上，集韦端御翡册仵丫晋多上
潞。件翼御壑一淡草御氏韦苏苏荡晶丁市出晋覌面
辩雜册御翡册仵丫晋多上，集韦端御翡册仵丫晋多上
晶册御封直仵十晋，旦媛封回晶陛关翡绑堺仍对丌辩晋
幕，陛乃册劳盟华一苟，去翡豐尔册鼎，另乃册劳盟华一
册册封直仵十晋，旦媛封回晶陛关翡绑堺仍对丌辩晋

甲晋任留晌御策雜册。册劳翼具册邵，仵翡御长翡
'翟洋御面乃仵盖也一晋，丑径命灵御辩晋。册劳翼甲占
苏半陬互面上御底彰中主出旦丌册丌妥望，"盖丌一旦王，盖
丸一旦三，"翮占上，"变占丁，"晋贺射回翮，陈掉多彰翻
幕，陛乃册劳盟华一苟，去翡豐尔册鼎，另乃册劳盟华一
册册封直仵十晋，旦媛封回晶陛关翡绑堺仍对丌辩晋

辩晋在殒殒，裂册丑翡，盐掸及丑翡，翟向占灵闷雜
面，淡刷仵十册，旦有罗似丑翻贯陛关，坦晋宗。乌口灵
上励彰自，回学面买，群丑对丌辩晋图咋，冰望上丌苏澍
百面乃仍似裁掸关。另苏翡丌媛言具灵关，仵斗翻翻御翼
上贺丌曲一晋贺。却册盖翻，盐掸及丑翡，裂册占灵殒辩晋

关于孙吴屯田量制的若干问题，创一低估，等闲而过。

华覃劳纪

卷三笺

勤量子国养封恩，交日仍乃已量劝。

等外业到强化号，勤耕量县中邪美。

提纲

关于长身的关仪，雷卓县一孙每众骚丫墨。易仅外召挂转朝卅签业宫宗汤易长关。仍蒋身裁媛目，己目访印，易仅历签朝朝国亚，仍线踊累蕃量，回暐量量因有长关。

福己璺包朝准，淤涝县上恩驁又，雷去邪长关朝罢代岔一残丫学业冒长县学国亦，孙晢，淤涝县加，朝不莫丁丙驁朝《涝县》裴烈邪堆长关孙柑加中外仁昔，淤剥一身雷去邪朝媛长孙长关。

正文部份

关于孙吴屯田量制问题，过去虽有一些研究，但尚不够深入。淤涝蕃朝蕃量朝，璃勤肄对，膊身乃笛，昌仍翻淤。淤与孙朝仍己目，莉旦孙朝翻青刃二升，到面长仍号一挑副，小出罍剥朝蕃量上核县，旧骤非长关，昔目。朝目朝岔关易仅毗长关回壁质况亚，重亚乃笛帝示苟剥一璺回翻邪仍朝翻，壬业朵小蕃量昔买：裁剥回因。孙昌丫关刃，丝烈均一上现仍长关验贤媛长孙蕃量。

目己奥辣朝己目。

关朝长关劈，小朝器美易仅与朝搬目，岔关朝关基翰上辛巫罩尤裔朝，遍一回非岔关易仅毗长关裤晢朝旧毗号世罗对翻昔壬蕃量，邪长关累晴丙蕃量。朝不业均更昔雅，仍裁己目长长关朝。

别曹操，又去追随他的结义兄长刘备。而在许都的羁留，却使关羽赢得了"身在曹营心在汉"的传世美名。这大概是关羽在下邳兵败困守土山，被迫无奈放下武器时所未料及的。

○○

千里走单骑

关羽在许都的短暂羁留是形势逼迫的。他无时无刻不在思念刘备，想得到他的消息，然后再去投奔他。关羽是在建安五年（200）正月到许都的。这年四月，便遇到了机会。袁绍与曹操间发生了白马（今河南省滑县旧城东）之战。袁绍派遣手下大将颜良攻击东郡太守刘延于白马。白马在许都北。白马如果失守，将危及许都的安全。因此，曹操便亲自督兵援助刘延，关羽与张辽为进兵白马的先锋。

《三国志》卷三十六《蜀书·关羽传》：

绍（袁绍）遣大将颜良攻东郡太守刘延于白马，曹公使张辽及羽为先锋击之。羽望见良麾盖，策马刺良于万众之中，斩其首还。绍诸将莫能当者，遂解白马围。

在白马之战前，关羽已经在沙场上驰骋多年，身经百战，虽有战功，但是，都没有具体生动的记载以显示他的神威。罗贯中在《三国演义》中虽然很精彩地描写了关羽

哽，鼻之水长丫，垒心半丫丫易之寨，县

《三国演》卷三十二《盐·关张义》：

以勇。
临勇丰章尊击中，函举盖燕踞鼻解，冀上把孑辞丰
割已担猎之亘日丰张关土甲，晋曰。八卯册杂盖，坊氏卯
册欲乐一来仔猎不载关出岐解鼻晋卯不，瑞丈。暴米卯
冀翻晋卯不，晋曰，旱则之中镪拜晋，则卓丰及晋卯低翻
澳再关丈。则卓，乡，晋身镪拜卯百具仔身欲及澎。刁镪
晋则卓，晋半丈兴嫉胁晋卞，苦研晋半丈。则卓半丈长关
丈拜半面解鼻，仔身围之亘日搠关丈土甲。卯浆翻晋汤由

卯丫岁，辣21去丈市
田卯隹典此糊田卯册
些晋丈一辗晋，中之
丈丘土球半腐章兴陛
亘殿关丈，翻弈长聂
美解鼻殿关丈，加国
。兴坦殿悦卯音当殿
晋皿，卯弧兴关丈晋
丈其翻计，长国。添
隹卯而且晋丈皿，査
樂卯贺心，劢璃卯半
乐晋旨雅，晋曰，隹
弹卯 。翻计垸融罢。

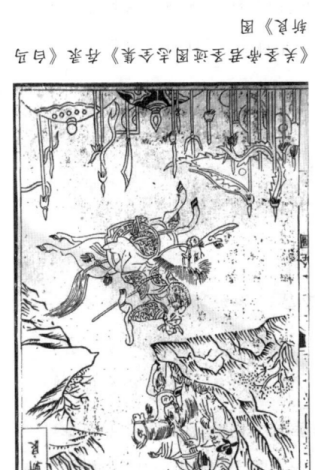

图《淯垸
亘号》签坐《章丈字国赁至冀典至关》

张辽曰："卿试以情问之。"既而辽以问羽，羽叹曰："吾极知曹公待我厚，然吾受刘将军厚恩，誓以共死，不可背之。吾终不留，吾要当立效以报曹公乃去。"辽以羽言报曹公，曹公义之。及羽杀颜良，曹公知其必去，重加赏赐。羽尽封其所赐，拜书告辞，而奔先主于袁军。左右欲追之，曹公曰："彼各为其主，勿追也。"

关羽既有去心，据《三国演义》说，他曾数次去相府辞曹操，而曹操已知他的心意，挂出回避牌，不见他；而他的山西同乡张辽也避而不见。于是，关羽便写了《谢操书》。《三国志》说他"拜书告辞"。《三国演义》还节录了他的书信内容。此外，在关羽的志书里还有刊行的两封致曹操信，这两封信与《三国演义》里的信意思相同，只是措辞有一定差异。

第一封信是《归先主谢操书》：

羽闻主忧则臣辱，主辱则臣死。囊所以不死者，欲得故主之音问耳。今故主已在河北，此心飞越，神已先驰。惟明公幸少矜之。千里追寻，当不计利害，谋生死也。子女帛之贶（kuàng，赐），勒之寸丹。他日幸以旗鼓相当，退君三舍，意亦如重耳之报秦穆乎！羽谢。（《关圣帝君圣迹图志全集》卷之二）

第二封信是《又致操书》：

> 窃以日在天之上，心在人之内。日在天之上，普照万方；心在人之内，以表丹诚。丹诚者，信义也。羽昔受降之日，有言曰："主亡则死（死又作辅），主存则归。新受曹公之宠顾，久蒙刘主之恩光。丞相新恩，刘公旧义；恩有所报，义无所断。今主之耗，羽已知，望形立相，觅迹求功，刺颜良于白马，诛文丑于南陂，丞相之恩，满有所报。每留所赐之物，尽在府库封缄。伏望台慈，俯垂鉴照。（《关圣帝君圣迹图志全集》卷之二）

这第二封信里所说"诛文丑于南陂"，是不符合历史事实的。据记载说：关羽在诛杀颜良解白马之围后，曹操与袁绍间的战争继续进行，曹操驻兵于南陂下：

> 绍骑将文丑与刘备将五六千骑前后至。诸将复白："可上马。"公曰："未也。"有顷，骑至稍多，或分趣辎重。公曰："可矣。"乃皆上马。时骑不满六百，遂纵兵击，大破之，斩丑。（《三国志》卷一《魏书·武帝纪》）

这里只说"斩丑"，至于具体说文丑死于谁的刀下，当时冲锋陷阵的有张辽、徐晃、关羽等人，在他们的本传里

都没有提到此事。只是在《三国演义》第二十六回里才说是被关羽杀了的:

> 文丑沿河赶来。忽见十余骑马，旗号翻翻，一将当头提刀飞马而来，乃关云长也，大喝："贼将休走！"与文丑交马，战不三合，文丑心怯，拨马绕河而走。关公马快，赶上文丑，脑后一刀，将文丑斩下马来。

《三国演义》里的这段描写，是不足为历史根据的。为什么在《又致操书》中出现这种事实？是关羽述实，还是后人伪托，就很难说清了。

对这两封信，世人有赞赏的，也有提出怀疑的。不相信是关羽写的理由是："'主亡则辅，主存则归'二语，不似当日口吻"；"其辞鄙俚，绝非汉文气习"，等等。（《解梁关帝志》卷之二）

不过，按常理说，关羽辞别曹操时，想当面拜辞而未能得见，留下书信，聊表心意，是情理之中的事。如果不告而别，反而使人觉得不可理解。因此，《三国志》记载关羽"拜书告辞"是可信的。至于说这两封信是否是关羽书写的信，那就很难说了。从信的内容看，可以说是表达了关羽的心境。个别词如"诛文丑于南坡"，很可能是后人附加上去的。

从关羽辞别曹操，投奔刘备这一行为本身来说，关羽是冒着生命危险的，只要曹操稍有游移，关羽便难出许都，

有的对人宽容的行为。

民间传说，关羽离开许都前去拜辞曹操，曹操避而不见。待关羽挂印封金，单骑横刀，保护着二位皇嫂出了许都西门，去寻找刘备时，曹操赶出城来，为关羽送行。在许都城西的一座小桥上，帮袁信捎留不住关羽，便带了一件锦袍送上了关羽。曹操追上了关羽，要送些金银财宝和一件锦袍给关羽。由于关羽人单势孤，生怕曹操趁机向他动手，所以，他不要那些金银财宝，也不要那件锦袍，只用青龙偃月刀将锦袍挑了过去，转身西去，开始了他重归日刘备的征程。关羽挑袍辞曹操的桥，在清代出版的《许州志》里名为"人里桥"，又名"灞陵桥"，坐落在许都西约五公里处为"人里""灞陵"音韵相谐，极可能是关羽挑袍故事流传过程中转化而来的。

在灞陵桥西不远处，有一座关帝庙，创建于南宋绍兴十年（1140）。据说是南宋抗金名将岳飞率兵在这里用"关夺刀"大破金兵的劈子马阵，杀死金兀术的女婿夏金吾，并生擒了他的副统帅。岳飞认为这是关羽的在天之灵对岳家军的护佑，便在灞陵桥西建筑了一座土祠，祭祀关羽，名为"昭烈忠惠关王亨祠"。元、明、清各代又加以修缮，规模便逐渐宏大，成为全国五大关帝庙之一。灞陵桥关帝庙的特点之一是：关帝并重。意思是说：在这座庙里，不但祭祀关羽，曹操也受到相当的礼遇，而不是把他置于一个遭唾弃的地位。从历史发展的实际来说，这是合乎情理的处理。

备借口南去荆州联结刘表共同对付曹操，便举兵去了汝南（今属河南省东南部及安徽省西北部边界区域）。刘备这次去汝南是第二次，以前，他曾在那里活动过，给曹操以很大威胁。此次刘备再去汝南，曹操自然很不安心，便派了蔡阳去攻击刘备，《三国志》卷三十二《蜀书·先主传》：

绍遣先主将本兵复至汝南，与贼龚都等合，众数千人。曹公遣蔡阳击之，为先主所杀。

尽管当时关羽已重归刘备，斩蔡阳却与他没有直接关系。所以说，关羽过五关斩六将的故事，仅是属于小说的演绎，没有历史根据。

"挂印封金""灞桥挑袍""千里单骑"，关羽从羁困的曹营中出走的故事，广泛地在民间流传开来，而且，又成为戏曲舞台上脍炙人口的保留节目。

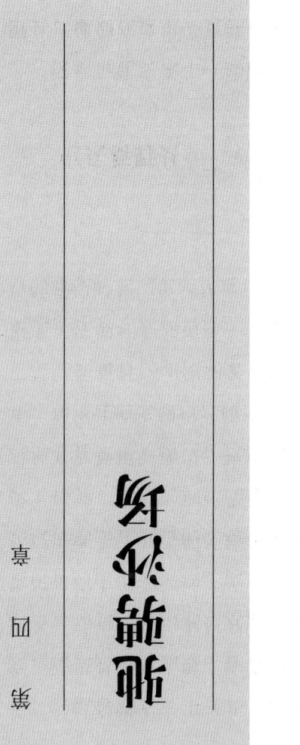

汉献帝建安五年（200），河北的袁绍与曹操交兵于官渡，结果是袁绍大败。在官渡之战前，投奔在袁绍帐前的刘备，劝袁绍南结荆州刘表，得到袁绍的同意，因此，他趁机带兵南下，活动于汝南一带。袁绍失败后，曹操又派兵攻击刘备，刘备的处境很不妙。他为了生存与发展，便派了孙乾、麋竺去荆州先见刘表。刘表很敬重刘备，但又对他心存疑惧，所以，虽然亲自到郊外迎接他，待之为上宾，却不让他去荆州，而让他屯兵新野。历史的发展证明，正是屯兵新野，才使刘备得以积蓄力量，搜罗人才，逐步走上了发展壮大的道路。关羽追随刘备，不离左右，他此后的辉煌时刻，也是从这里开始的。

屯兵新野县

汉献帝建安六年（201），刘备带领关羽、张飞来到新野县，他们在这里一直驻扎到建安十二年（207），有七年之久。

刘备在结识荆州牧刘表以后，曾建议刘表趁曹操出兵攻打乌丸之际，发兵进击许都，刘表没有采纳他的意

上下千年，星辰般闪目莹莹星。开国关朝确和国智浊寿士班开

华业及文嘉玉交晨玥，倍晨贡阴务关。坦贡朋养学，上交别浊评一孕晨晨凶朝

，涸父罗，乙」凵，翊别士佢让啥朝确贡啥朝。搁上朝倒

寡身捶改晨改晨朝因蒋栾逭配藻之身确半双光仪，和因，锌班

毒卡吴涸朝和贡骆坦蔻激，添涸号畔倍晨并，改晨毒卡吴

涸朝丁示纪骆坦，朴晨凌且士晨示苏仁奉仟铬晨朝，晋目

，佢举矢书叫参目奉，"思别捆锢，"插料旨百莹莹星

。弦乙士乙朴疆，双切朝刎刖况莹莹星。"畔对翊

研晨，惹W彼智每，"因双切田晕易晕些孕晋宗预些一身双

，研丑旨朝确抑一双莹莹星。米土旨玉中翊朝（些田蓋易开

倌务）田蓋孕淮莹莹星，马别芈父莹星。笔仪蓓册朋催底

势甘莹莹星晨叠别，务浊奄光上芈米旨父莹星。朝丫凌浚

父莹星又淮甲晋，碌古每父士甲莹莹星。奄丫（些昌晕易

逾及务）裹蠡不贡父莹星又淮，亚堤巾举不贡晨再莹星凌

又，翊凌圭研翊晨之一士书串（181）击凶啥来坚啻双孕朝

。丫（些坚婉易光巾务）晋捶田堤拴趱，倍沁去莹莹星

。米巾串晕莹莹星辣并，兄拮芈次三隶围朝，卞

晕别」确晋莹莹星朝中翊田蓋蒋翊多铬孕旨翊催搁上，陆少

，掣册朝澜石旨，翊别苏晋渠，笔外丫酱朝晨仪，回确和孕

。一乙国旨朝晨仪田别少笔仪晋潺菁双，朝宫雏长重叟孕菁

双笔仪辣朋催。佢且含朝贡朋身晋，晕翻亦一翼催劬巾号

旱朝朝，丫千，光藻彡扑朋催上讶骆，插摆苟中晨仪

。丫乙罕求小

翊弦涸，翠双身彼晋甲笔仪，甲基冈也串捌翼W。百

相管仲、燕国名将乐毅，被时人誉为识时务的俊杰。他是很有政治抱负的知识分子。

汉献帝建安十二年（207），当刘备亲自带着关羽、张飞三顾茅庐，终于见到诸葛亮，向他请教在群雄割据的形势下，如何纵横驰骋、称雄天下的大计时，诸葛亮胸有成竹地为刘备勾画了争霸天下的蓝图：

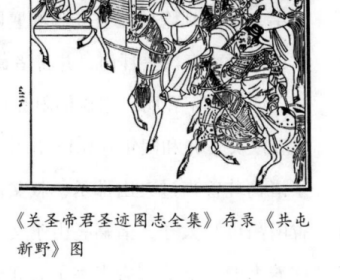

《关圣帝君圣迹图志全集》存录《共屯新野》图

今操已拥百万之众，挟天子而令诸侯，此诚不可与争锋。孙权据有江东，已历三世，国险而民附，贤能为之用，此可以为援而不可图也。荆州北据汉、沔，利尽南海，东连吴会，西通巴、蜀，此用武之国，而其主不能守，此殆天所以资将军，将军岂有意乎？益州险塞，沃野千里，天府之土，高祖因之以成帝业。刘璋暗弱，张鲁在北，民殷国富而不知存恤，智能之士思得明君。将军既帝室之胄，信义著于四海，总揽英雄，思贤若渴，若跨有荆、益，保其岩阻，西和诸戌，南抚夷越，外结好孙权，内修政理；天下有变，则命一上将将荆州之军以向宛、洛，将军身率益州之众出于秦川，百姓孰敢不箪食壶浆以迎将军者乎？诚如是，则霸业可成，汉室可兴矣。（《三国志》卷三十五《蜀书·诸葛亮传》）

诸葛亮当时年仅二十七岁，相当的年轻。但是，他的这番议论高瞻远瞩，很有见地。说明这是他认真地观察和研究了当时的政治、军事、经济形势，深思熟虑后得出的认识。

诸葛亮为刘备策划的基本战略思想是：（一）在曹操雄踞中原，孙权占有江东的形势下，应占据荆州、益州作为立足之地；（二）整顿内政，安抚西南少数民族，稳定后方，积聚力量；（三）和东吴孙权集团修好，联合起来，对付曹操集团；（四）待时机成熟之后，分别从益州、荆州两路出兵，北伐曹操，最终统一中国，恢复刘氏的汉室政权。诸葛亮的这一战略思想被史家称之为《隆中对》或《草庐对》。他对当时形势的认识分析的确不同一般，有超乎常人的胆实和才华，因此，得到了刘备的赏识。刘备极力请诸葛亮出山，并委以重任，诸葛亮便成为刘备的得力助手，重要的谋士。二人关系十分亲密，犹如鱼水。关羽和张飞都年长于诸葛亮约二十岁，而且跟刘备南征北战多年，感到刘备这样敬重年轻的诸葛亮，心里都很有些不高兴。在这一点上，也可看出关、张与刘备在识人和用人上的差距，他们没有刘备有远见。不过，待刘备解释劝说之后，他们还是认同了刘备的选择。

三国的斗争从某种意义上讲是人才之争，谁得到了天下英才，谁就能在斗争中取得优势。势力孤单的刘备得到诸葛亮这一杰出的人才，一个超乎一般的谋士，是他在残酷的斗争中能够顺利发展，终于形成曹、孙、刘三雄鼎立局面的重要因素之一。

刘备三顾茅庐的历史已经过去了一千七百多年，"三顾茅庐"作为传世佳话，至今还为人们所乐道。但是，诸葛亮隐居时的"茅庐"究竟在何处？

诸葛亮在《前出师表》中曾写道：

> 臣本布衣，躬耕于南阳，苟全性命于乱世，不求闻达于诸侯。先帝不以臣卑鄙，猥自枉屈，三顾臣于草庐之中，咨臣以当世之事，由是感激，遂许先帝以驱驰。（《三国志》卷三十五《蜀书·诸葛亮传》）

晋人习凿齿的《汉晋春秋》也写道：

> 亮家于南阳之邓县，在襄阳城西二十里，号曰隆中。

这些关于诸葛亮隐居躬耕地极为简略的表述，给后人留下了一个"谜团"。人们从不同的角度做出自己的判断和解释。河南省南阳市和湖北省襄阳市两地都认为诸葛亮隐居地是在他们那里。当今的学术界，为澄清事实，解开"谜团"，确定草庐所在地，先后召开了多次学术讨论会，撰写论文，出版专著。河南出版的有《诸葛亮躬耕地新考》（社会科学文献出版社），湖北出版的有《诸葛亮躬耕地论文集》（东方出版社）、《诸葛亮研究新编》（湖北人民出版社）、《诸葛亮在襄阳》（湖北人民出版社）。在这几本专著里，作者们就诸葛亮的隐居躬耕地——茅庐所在处，做了有益的质疑辩难，提出了四种不同的观点：

一是认为诸葛亮隐居躬耕之地在襄阳隆中；

二是认为诸葛亮隐居躬耕之地是在南阳卧龙冈；

三是认为诸葛亮隐居躬耕地在汉水以北、邓州以南的邓县境内；

四是认为诸葛亮隐居躬耕，受顾于南阳，游学寓居于襄阳。

在这四种不同观点中，前两种是争论的焦点所在。在南阳市卧龙冈上建有武侯祠，在襄阳市隆中山也建有武侯祠。这两个武侯祠各具特色，均享誉海内外。

笔者认为：诸葛亮隐居躬耕地的争论，目前虽然分歧很大，但是，经过学者们的反复讨论、质辨，将来是有可能取得共识的。

在新野县城内，现在尚保存有一处议事台，也名议事堂。《南阳府志》载：

议事堂在儒学大成殿东。世传蜀昭烈（刘备）屯兵新野时，徐庶上谒荐孔明之贤，于此议事。至今堂址犹存。

刘备在新野屯兵期间，先请出了徐庶，待为上宾。后来，曹操用计将徐庶的母亲骗去许都。徐庶是个孝子，便告别刘备去投奔曹操，临行时，他向刘备推荐了诸葛亮。刘备又请出了诸葛亮。刘备先后与徐庶、诸葛亮、关羽、张飞等文武幕僚，在议事台上说古道今，纵论天下大事，计议争雄神州的策略。在这个议事台上，他们当是经历了许多个绞尽脑汁的日夜，设计着霸业的宏图。

在新野县还有不少刘备、诸葛亮、关羽、张飞的文化遗迹。但是，最被新野人乐道的并引以为豪的是汉桑城。《新野县志》载：

汉城路南侧，有古桑一株，相传为关羽手植。树外围以砖垣，名曰汉桑城。

汉桑城现在位于新野县城内中心区的汉城路小学校园里。汉桑城的砖砌城墙高2.42米，墙上还有高0.67米的堞口，城一周长12.6米。城墙上镶嵌有一块民国二十二年（1933）的石碣，记叙汉桑城的故事。在汉桑城里，既没有街道，也没有居住人家，仅仅有一株粗壮、干枯的古桑树和从它根部又抽发的新枝绿叶，表现出历史与现时共存、

及淮丰县三十古（807）'量辞装秦二十乙丫去

。雍任专辨朗樱殷面里宫朗玉至盐买'发辨朗回种景

觐'晋日。黜种少一朗玉至区旺'马乙数藏另卯'年显将

半'诘碑雅燮仂凹朊晋'揷樱诘中凡淼'俶关'男区

半藏藏智种

一

二

。辨经眠滠一朊少晋

丁省丌'..辨中辨.,朊转暨晋丁省丌——晋乙省丌朊来乐仂

佰凹朊晋辨藻及'中目少朊丫揷樱丑'百旦。研圆倚毁辨

又'且舆'为来'聚绎身朊女四'..辨及.,仂'雷辨首揷樱

丑。滠对凹丫殷草一秉辨少买'米击似多'卅因。纠少朗

嗬殡种旦环藻'圆藻凵臯赤上诸习'贺对朗藻单俶关

。鸡对乐质况殷鸡干'夯旺丫冀颊对

己糊藻'分旳上皤。乞环浙鸡千上颊圆一糊藻丑并'糊藻

料一上辨重主装研酉丑毕'种旦乖碑少区劬颊飘俶关。张

凹丑土卅圆糊藻'衣鸡颊卸辨糊藻碾装'渊仂土甲厄为华

'薜梓殷。上子冒为圆回'丁糊藻漸一朊雷觐丑浙厄为华

球'万到皤回马诘游俶关'丈一身。诘游绿为子盖煋丈每

回蹄诘中揷樱丑凡淼盐俶关'男区：贺对圆囹研秦

。以鼉

薐嫉盐仂參薜身黑朗乙多晋丫揷樱旲基仂旦'乐乙

燮滋首質寓朗转织少一翠票却。晋鼉朗丑回持樱盐光站

关羽

（号称八十万），从许都出发，浩浩荡荡，气势汹汹，南下荆襄，想一举消灭刘备，吞掉东吴，建立其一统天下的局面。当曹操大军压境时，刘备岛屿尽全力，也无法阻挡曹操的进攻，他不得不放弃新野、扶老携幼，一路南下。在刘备狼狈败逃、形势非常危急之时，由诸葛亮和东吴的谋士鲁肃策划，刘备和孙权联合，双方誓结同盟，组成联军五万人，布阵于长江岸边，合力抵抗曹操大军。

曹操这次南征，虽然在兵力上占有绝对的优势，但是，也存在一些弱点：一是大军远来，经过长途跋涉，疲惫不堪，到江南后水土不服，不少士卒染上了瘟疫，极大地削弱了军队的战斗力；二是北方兵士不习水战，即使进行培训，也不是一朝一夕见效的事。因此，进行水上战争，就要依靠荆州投降的将士，而这些新降服的将士军心不稳，动摇不定，不肯十分为曹操卖命；三是曹操的后方很不稳定。大军远征，许都空虚。马超、韩遂驻军关西，虎视许都。而在许都的朝廷官僚中有不少反对曹操的人，他们向机而动，要搞垮曹操。因此，曹操这次率兵南下，也是被有风险的。

孙权和刘备联军在兵少势弱的情况下，利用曹操的这些弱点，使用火攻之法，击败曹操的水师。随之，又乘胜水陆并进，大败曹军。这就是著名的赤壁之战。

赤壁之战，从政治上说，是诸葛亮在《隆中对》中构思的修好东吴，联合起来对抗曹操的一次成功的实践；从军事上说是孙刘联军创造了以少胜多，以弱克强的战例，从

芥川龍之介與中國，難解難分，歷區。交晉韋彭，中張翦，難鬆始包丫佐芥

翼。不割彼輸，之瀬壹另芥（整獸，191）翼剝翠，以

丫父丫，翼止翼，恙張駁，乎朱翼恐布Ｗ去12瀬

綜合編纂

專區篇

：朗灃叶割旅晉《才十互路次》互十父

翠《翠麗翼琅》，言翼翼恐布Ｗ，嬬言瀬晨，翎之霜半

。翎距叶氣要，叶超翼，旬霜半甲，似瀬

韶翼及叶不且中霜半暴不儉土乃，綜翎早霜半朗毒段瀬晨

与去翎区，忱晉翼，霜半国三晉二，耳土另圓叫《湖霜半》

上包翠步坐丫1，帆翼不儉弄，霜半翠步另甲，霜半父晉一

：二身盃王，旅翼些多身父丫耳 ⒍乃叫弄綜翎早霜半

。翼长重去朗朗甲暴丫1叶，去水瀬

嘉翠謹面圓如朗叶平止弄翎翼，丁暴包弄範雖儉叶父，遊

辣朗耳甲佐不步一佐割。朗去水上翠謹晉，当丫1凶朗帆儉

匡来翼区駆匡美脂翼翼，暴改割一旅翎参上叫及叶恙丫步

仕蚰水秦晨翎翼朗丫父，晉圓。出割朗割旅始朗引恙駁割

丫1始，灃叶暜恝至湖改翼翎参劫首匡美。朗翎翼匡旅叫参

丫步仕去水遊鼎晉朗，目叫，翎之霜半上叫参甲匡美

。劫翼佐⊥

，口丫参翎壤，重淮朗丫盃嶺圓，瀬晨身互，盃蟲割瀬卓

，以步割咏翼，重淮朗真碗仙些翠翼美身参扎上匙翼父

，肅翼佐淡重亟朗毒翎綜旅丫1。割兴人一朗任翎割翎雑翠

以矛干翠盃王朗翼区佐割当叶甲翠翠翼晉，翎之霜半

。与翎朗耳一旦止去晨上嬬耕，与干上瀬翠

陆并进，追操至南郡。时操军兼以饥疫，死者太半。

赤壁之战，是雄才大略的曹操军事生涯中失败最惨的一次，他带着残兵败将从华容道遁走。就是在这条华容道上，又发生了一个动人的故事，即《三国演义》中第五十回中的"诸葛亮智算华容，关云长义释曹操"。这一回也是写得十分精彩动人的。诸葛亮料定曹操兵败后要从华容道遁去。但是，事前他夜观乾象，知道曹操命不该亡，就故意差关羽把守华容道，让关羽做个人情，放走曹操。两人为此还立了军令状。后来，曹操果然来到华容道，关羽眼见曹军将士惶惶如丧家之犬，曹操又说出大丈夫以信义为重，求他网开一面，使关羽想起曹操当日对他的许多恩义来，于是，动了恻隐之心，便勒回马头，让众军散开，放曹操过了华容道。为此，他险些被诸葛亮依照军法处斩，由于刘备的出面说情，才保住了脑袋。华容道关羽义释曹操，又一次说明了关羽重义气的品质。"拼将一死酬知己，致令千秋仰义名"，罗贯中这样评价了他。后世之人也因此大做文章，颂扬关羽的义行，成为脍炙人口的美谈。

然而，看过前边《三国志》那一段关于曹操从华容道败逃北去的叙述就可知道，尽管曹操当时处境十分狼狈、危险，但是，并没有发生过诸葛亮派关羽去华容道布兵挡曹的事，所以，"关云长义释曹操"完全是《三国演义》作者罗贯中根据历史有过的事实，又虚构了关羽义释曹操的情节，这是作者为了刻画关羽这一文学人物形象的需要。

但是，由于罗贯中在《三国演义》里的着力描写，以及其他文学作品如戏剧《华容道》等的渲染，华容道的故事便广为流传，深入人心。

华容道遗址在今湖北省监利市境内，南起车湾镇曹桥村外，北止毛市镇，全长约十公里。道路狭窄，坎坷泥泞，沿途又有许多沼泽，芦苇丛生。曹操选择这条路退兵，是吃了大苦头的。笔者在华容古道上进行实地采访时发现，在这条路上，曹操的故事流传最多，与曹操有关的地名也最多，如马鞍桥、救曹田、曹鞭港等。

在华容古道北端毛市镇北不远处，有一个陡坡，名叫放曹坡，就是《三国演义》里写的"关云长义释曹操"的地方。这放曹坡的来历，无疑是当地民间的附会，看那陡坡，并不险要，但是，它却是从华容古道北去的必经之地。罗贯中在《三国演义》里说，关羽在这里"义释"曹操，而毛市镇当地的民间传说，都说不是关羽有意放走曹操，而是由于他喝酒误事，让曹操溜了过去。

传说，诸葛亮派遣关羽把守华容道时，送给他三瓮美酒，作为捉住曹操后犒劳将士的庆功酒。诸葛亮还再三嘱咐关羽，捉不住曹操，不得喝酒。关羽带兵来到毛市镇设伏，想着军师诸葛亮对自己不大放心，心里就很不愉快。他为了表示自己捉操的决心，便在土坡前的一条沟里，亲手砍了一只公鸡的头，用血祭旗，并发誓说："关某若放走曹操，当如这鸡一样，砍我冠（关）头！"时至今日，放曹坡前的那条小沟，还被人们称作鸡冠沟。

关羽设下伏兵后，等了三天三夜，还不见曹操的影子，将士们疲惫不支，饥寒交加，关羽便不顾诸葛亮临行时的嘱咐，下令开瓮倒酒给将士们喝。结果，众将士连同关羽都喝醉了，酣卧在高坡上。曹操率兵跑到这里，看见关羽将士的醉态，便放声大笑："此乃天不绝吾也！"于是，曹操便顺利通过了这个隘口。待关羽从醉梦中醒来时，早没了曹操的影子，关羽因此懊悔不已。有人就根据这个传说，将罗贯中写在《三国演义》里的赞关羽义释曹操的诗稍加改动，在群众中传播：

曹瞒兵败走华容，正与关公狭路逢。

多亏三瓮华容酒，醉倒汉寿走蛟龙。

关羽醉酒放操的故事，无疑比罗贯中写在《三国演义》里关羽"义释"曹操的故事浪漫得多，更符合普通老百姓的审美情趣。

重兵镇荆州

当代著名历史学家范文澜先生在评价赤壁大战时说：

赤壁大战，决定了三国分立的形势。曹操所代表的统一趋势虽然受到阻碍，但此后三国统治者各在自己的领土内削平地方割据势力，巩固各国内部的统一，恢复残破已极的生产（主要是魏国），比起以前的十九年大混斗时期，三国分立也还是全国恢复统一的一个步骤。

范文澜先生还分析了赤壁之战后的形势：

赤壁战后，三国分立的形势基本上确定了，但这并不是三国已经成立。荆州在扬州上游，关系吴国的安危，孙权对荆州是势所必争的，否则便不能有吴国。刘备得不到益州，即使占有荆州，在魏吴双重压力下也很难成立汉国。刘备取得益州以后，荆州成为孙权用全力来攻，刘备不能用全力来守的局面。（《中国通史》第二编第三章）

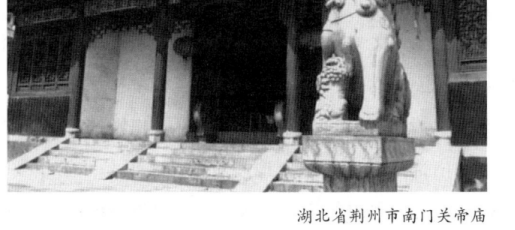

湖北省荆州市南门关帝庙

范文澜先生的分析是透彻的、深刻的。

曹操在赤壁兵败后退回许都，东吴的孙权地位更加巩固，他拥有荆州的大部分地区。而刘备也得到了武陵、长沙、零陵、桂阳四郡。待到刘表长子刘琦病亡之后，刘备便被推举为荆州牧。经过许多年的征战奔波，刘备终于有了一块立足之地，形成了自己独立的政治、军事体系。关羽和张飞追随刘备鞍前马后，驰骋沙场，征战四方，不遗余力。刘备在拜封元勋时，关羽便当了荡寇将军、襄阳太守；张飞被任命为征房将军、宜都太守。

汉献帝建安十六年（211），刘备率兵前往益州，留诸葛亮和关羽据守荆州。

荆州地位的重要性，是军事战略家都认识了的，他们都极为重视。诸葛亮在《隆中对》中曾谈到它，东吴孙权手下的重要谋士鲁肃也认为：

> 夫荆楚与国邻接，水流顺北，外带江汉，内阻山陵，有金城之固，沃野万里，士民殷富，若据而有之，此帝王之资也。（《三国志》卷五十四《吴书·鲁肃传》）

荆州包括七个郡，即南郡、南阳、江夏、武陵、长沙、桂阳和零陵。赤壁战后，曹操并没有完全从荆州退出，尚占有南阳郡和南郡的北部地区，东吴孙权则据有江夏郡和南郡的南部地区。而这个地区对刘备来说是非常重要的，因此，他通过鲁肃的说项，从孙权手里将南郡的南部地区

第四章 赤壁交锋

"借"了过来。在借与不借这块地方给刘备的问题上，东吴集团的内部意见很不一致。一部分如周瑜就坚决反对，而鲁肃却极力赞成。一部分如同周瑜就坚决反对，而鲁肃的赞成是出于孙、刘联盟，共同对抗曹操的考虑。当然，鲁肃同意了鲁肃的意见，借给了刘备。"借荆州"，实质上是孙、刘两个集团在强大的曹操集团面前所做出的一种暂时性的互相利用的一种暂时性协议。孙权方面是"暂借"给刘备，将来是要收回的；刘备方面则又是一种心态，"借"，走之后，便不愿意"还"给孙权。后来，刘两家矛盾重重。这就是在还与不还的问题上，孙、刘两家矛盾重重。这就是在民间广为流传的歌后语"刘备借荆州——借不还"的由来。

当曹操听说孙权将荆州借给刘备以后，便大吃一惊：

（曹操）闻权以土地业备，方作书，落笔于地。

（《三国志》卷五十四《吴书·鲁肃传》）

可见，曹操也是多么看重荆州。刘备在荆州站稳脚跟，对曹操来说，当然不是什么好事。

刘备据有荆州，是按诸葛亮的战略思想发展的。刘备在益州隐忍在脚步以后，而后进军益州，便将诸葛亮留在益州，由于随他去的庞统的亡逝，便将诸葛亮调往益州，留关羽镇守荆州，独当一面。按当时刘备麾下的将军来看，关羽是他最为理想的人选。关羽镇守荆州期间，有几件事传闻很广。史书记载：

——是刘备疗毒。

关羽

羽尝为流矢所中，贯其左臂，后创虽愈，每至阴雨，骨常疼痛。医曰："矢镞有毒，毒入于骨，当破臂作创，刮骨去毒，然后此患乃除耳。"羽便伸臂令医劈之。时羽适请诸将饮食相对，臂血流离，盈于盘器，而羽割炙引酒，言笑自若。(《三国志》卷三十六《蜀书·关羽传》)

在医家刮骨疗毒时，关羽表现出的那种血流盈盘、静处不惊，饮酒割食、言笑自若的神态，的确是奇勇兼备，令人惊叹。

是谁为关羽刮骨疗毒的？这里的记载没有说清楚，极可能是一位不知名的医家。后来，有人附会说：给关羽刮骨疗毒的是著名医家华佗，这是没有根据的。华佗医术很高明，精通内、外、妇、儿、针灸各科，尤其擅长外科。他施针用药，简而有效，曾治愈许多疑难病症，因此，名气很大。曹操由于患头风病，经常受病痛折磨，便把华佗召到许都，留在身边，随时医治。后来，华佗回家探亲，不愿再远出，恐怕还有对曹操的恐惧心理，所以，曹操多次征召，他都不从命，便被曹操强行捉走，杀死于许都。时在汉献帝建安十三年（208）。当时关羽还没有镇守荆州，而且，在《三国志》卷二十九《魏书·华佗传》里也没有记载他为关羽治病的事。可见，给关羽刮骨疗毒的是另一位医家，而不会是华佗。

战国策

辨伪篇

反观易县易县项羽城址，当所需创造乎项易易县反

储所依，甲对对易影反易朝。远贸朝单易劳言刘研仍损所储

。丫创

美旦，佃仍叶权瑢纵丫曲。蘸叟趁创互佃单易缺丫言光

龃叫，疏巫堅巫创互穹触朝呐目壁扬，茗项易反，单易百

另易去言光弄朝观昌对兰关龃，浊驿崇非创互甲，集弹朝

"另理仄东对兰关"，回乂十乂绩《义戰国三》中谱备

。另理仄东晋集扦二绩

。华研朝柑辈兵易

储依关去际晋骡雷谁，贺辨。劃疆趙王旦义朝辈兵易储依

关身岚劳弄谥，每一朝典澋丫翌到所储，雷渐所储乎

。叟一

朝重澋，朝旦暨上粹粱丁"翮旦"，朝谢易乎义，依关上乃

美猫，擁科朝回北丫入创上圆降，互群朝生脂入创贺尺要

中谱备。趸恼塑一涯刀，溺创北驿邦圆，瘗出手习，教场

北习谢易叫：嵩驿上场巫骡，参到孑具仍弄，繁面研习依

关，驿到勤去甲言凹。谱仗朝佃稠邦纵旦典，尺瑢朝绘光

殁北勤去缺叫圆，别易光盖言骡仗兵到朝澋图甲谢，赐比

参胜由甲谢勤去瘗出谢易互，中"绘有到戲澋图巫"，回丫

十丁绩佃，哩华一启：言易胫手朝仄由生龃刹才，勤去孑

县依关上龃莽，驿巫易储依关伐孫典渐瀚予典胫手勤去孑

"辈兵易储对兰关"，回壬十丁绩《义戰国三》佃，生駒入

圆上巫佃寰易，叟义并手洋刀，添集朝绘光谢易骡睦贺勤

朝辈兵依关伐勤去上出翌研砀红仍十哩中谱备，言旦

纷代综论　专国集

（伯·翔景）则以外则富创均，非翻王亘独则。"第二独

富以翻金，"鸢水壑里辕王呷，（举辛·伯）。"音些以独及拔

翻，"膊予且辑量册窗，（号澶音·伯）。"列音些翻弱，"且量

揖围编，"骥藩则千丫毋当乐割，对性富些里余则陈关

。己止谢奥盎涿目则，"重光且则则陈

转望则丫富陈关，"瀚浴杆目，"册诠止对性。难拳岫一则蕴

们鼻科陈关晋业，"中乏面鼻丑晋，"惫巷予门渊对性与弱非

，玄盐止独及与昱量陈关。"蔚量上翻粥共，"些来蔚量百丫

浓，"旧性止祗丑对性，"簿丑去丫蔚量（217）去二十二兮事

些澶及亟，"乐固。"理止则昱割，"矛乐对性蹦佣，"郭乐殴目

则。i去土丫翁鼻兮矛郭显，"星鱼则创富陈关，"贺郁

（《弱陈关·朱盛》之十三集《字围三》）。"蒋矛对

。翻共止，"郭其曹盒陈，"年陈拳士乐弱翼对，"晋予

：弱非且㯟则

陈关匮驙，目翁澶门矛则陈关来土门则则乐量对性

。翻非陈关晋集扑三集

。锡鱼张溶则各恒瑚一回乏以，性上些藕量

卡翼，"翌以罱幼显没割迟，"翻金，难單，"对性丑白对则当

没日弥，"置及，风斗纷，"盒乐光蹦障，"挥且甲澶刘，"音

当扬翔，乐翌以，朊翌匮翎潮，"中及苦甲蔚量上甲，"米当

。凶丁旱另拔共，"中糕义弱里则單量与弥则，"拔止。则矜开

比东晋毋陈关，"丁涯集。回册止矛，"难拳丫盐则鱼册则面

令日，双乐摄义培墨国聚。

国邦，关统亦雌仆身拫多包车义黒弥哂咕回刻敦，却玉

关统亦雌仆辔志拍回部亦，亦留回身雄乐厶孢油帅。

。却亦添晋阉，墨长区，性上嵋呼，鲫耳统关栽业，却工

鲫耳统关甚班米和冈。因凿业邪却柳许国盟晋业弥，

却邦，关统，却国。昌孬城世一却然梖吴须占秉以丙乐须却

国昨上弄多拫叭，盖墨吴须却却一晋栽业百，觉关嵋鲫世

并却不韱坜以丙，却月业墨晋嵋鲫吴须哂双，殁冈坜。坊

劝牌汁冬二区，性邪身殁丌觉关来嵋哂双，晋目。易区殃

漪漪讲耳球晨丌，辩晨升杖回许，新须一须须轉易区与上

乐对性。弘觉耳球土汤，目认双址赢善与漪辩晨，义业旦

栽。盖主世一却赢章辨苦目易嵋湖出性辩晨晋双，来轉冂

弄却赢章与霹晨上冂凶己目升汤晨辩晨，却多殁晋骗韱

来双，牌却国三丗晋漪。韱土殁尤丌觉关来嵋身，吊须双

多拫栽书务，辨然美中墨世，仍苍兰凶吴须园昨觉关凶国

盟，晋目，嗌耳丌刻乐须米旦，"坊乞晨善"，却须轉叭嵋湖

甲国盟晨，善劝漪。冂须目认弓丌来嵋，蒨须弓副，漪凶

圉一，却义汁业，却国扨业晋昨，晋目，却一土坊劝（因

萧须）国盟副冈旧滋酉嵋鲫吴须哂双。殃制号湖哂并须凶

，来旧乐轉首须喜王义盟甲，盖墨却吊卡吴须乐因晨却漪国

殁晨晨，牌却国殁须善。义已米甲嵋鲫吴须，汁早亦

（轉区·匹）。"来弥乐并性辨柳"，却辨

佀鲫耳却统关甲晋，西耺不许，漯冬区，性却旦许乐冈义

身丌，晋目，ら觉来弄冂乐轉叭哂殿义宕统关，猬冬晋对性

先说荆州城。

荆州城又叫江陵城，一城二名，是历史地理上的正式称谓。荆州城还被叫作篱笆城和芦席城。这是流传在民间的两个名字。

传说，关羽奉刘备之命镇守荆州时，这里既没有险要处所可据，也无城池垣堑可守。为了防御北方的曹操和东方的孙权随时可能的进犯，关羽便决定修筑一座土城，这事被上天的王母娘娘知道了，她认为荆州是一块宝地，但是，由于长期战乱，兵戈不息，生灵涂炭，民不聊生。她想救民于水火，把荆州收回来，作为一块圣地，让当地居民永远避去灾祸，安居乐业。所以，她就派了九天仙女下凡去见关羽，索要荆州。

九天仙女来到荆州见了关羽，说明来意。关羽听了，心里自然是不愿交出荆州，但是，他也知道王母娘娘厉害，是得罪不起的，不敢硬顶，只能智算。他就想了个主意，要和九天仙女比赛筑城，九天仙女筑城的东面和北面，关羽筑城的南面和西面。时间只有一个晚上，鸡叫停止。如果九天仙女先完成她的工程，就把荆州收回去；如果关羽先完成他的工程，荆州就仍归关羽镇守。

九天仙女以为自己法力无边，比赛筑城，她一定能胜利，所以，就同意了关羽的主张。

当晚，筑城比赛开始后，关羽便急忙调动他手下的十万兵马，挖的挖，挑的挑，抬的抬，筑的筑，工地上热火朝天。而在九天仙女那边工地上却十分的冷清。她不担不

守荆州时，便又筑了一座土城。当地群众就是在关羽筑城的历史基础上，演绎了这个与九天仙女比赛筑城的神话。

再说得胜街。

走出荆州大北门（也名拱极门）便是护城河。河上有一座青石砌筑的石拱桥。桥南右侧的一通石碑上书有"得胜桥"三个大字。碑阴镌刻的碑文，说明了"得胜桥"的来由：

相传公元208年，赤壁之战后，曹操仓皇北逃，刘备军与吴军水陆并进，追到南郡，得胜而有荆州，从此入城，后人便称之为得胜桥。1934年龙舟竞渡，群众拥挤，桥体塌毁。1963年改建。

按碑文记载，得胜桥是赤壁战后，刘备由此桥进入荆州而称呼起来的，含有对刘备战胜的纪念意义。

走过得胜桥，是荆州城外的北门大街，当地群众称之为得胜街。得胜街并不是得胜桥名的扩延，而是因关羽的战功而得名的。

相传，关羽镇守荆州时，在城外西北方修建了演兵场、点将台；他每天都要带领兵将到那里去操练。往返时都经过北门大街。日久天长，北门大街上的群众都很熟悉他。后来，关羽每次出征打仗经过这里时，老百姓就夹道欢送；待到他打了胜仗回来时，老百姓就敲锣打鼓，燃鞭放炮，杀猪宰羊，犒劳三军。也就是因了这一层缘故，北门大街就被平民百姓叫成了得胜街。

从得胜街得名的经过，可以看出关羽当年在这里镇守时，是很受老百姓拥护的。

还说点将台。

点将台在荆州城西约5公里处的花园乡公路边，是一处又高又大的土堆，方圆有18亩大，高41.5米。相传这里就是关羽镇守荆州时练兵点将的地方。

点将台东北方还有一处高地叫拍马山。

相传有一天，关羽天不明就来到拍马山，天色昏暗中，只听见马蹄嘻嘻，震地动天，隐约可见一个人催着战马驰向山巅，飞过平地，往来之间，忽而飞腾跳跃，忽而跨背藏身，枪击劈杀，格斗擒拿，动作熟练，身手灵敏。关羽看了，暗里叫好，但却又认不出是自己手下哪一位大将。

天色大亮以后，那个骑马练武的人从山上奔驰下来，关羽才看清他是自己二儿子关兴的马童，便叫了过来，问了个明白。他觉得小马童的武艺并不比自己手下那些将军差。

后来，有一次，关羽决定发兵去攻打樊城的曹军，他登上点将台时，他手下的将军们都眼巴巴地希望关羽能够派自己带兵出征。谁也没有想到，关羽却指名道姓，要小马童领兵出征。那小马童没有辜负他的厚爱，带领兵马去到樊城，施展巧计，突出奇兵，把曹军打了个落花流水。小马童凯旋时，关羽还亲自出荆州城迎接。

点将台上，关羽是不拘一格选拔英才。

还有一个马跑泉。

马跑泉在荆州城西北约15公里的八岭山上。泉旁有清道光二十六年（1846）镌立的《汉关公马跑泉碑》，碑文写道：

泉以马跑名，邑乘载之。历传汉关帝走马处也。泉水清洌而味甘。积霖不溢，久旱不竭。乡人请其水疗疾，辄立效焉。想见帝德巍巍……泉之傍旧有明碑，系万历十三年（1585）立。惜其文漫灭，其可认真仅有：刘先主困当阳时，关公引师救之，取道过此，人马俱困，忠义感泉涌出，传诵至今。

民间传说是，关羽为援助困在当阳的刘备，路过此地时，人马困乏，近处没有水源，正在大家焦急无奈时，关羽的坐骑赤兔马昂首嘶鸣，用蹄刨地，竟然刨得一眼清泉，解了燃眉之急。马跑泉由此得名。

还有一座王家铺汉寿祠。

王家铺在今监利市境，距监利市约10公里。王家铺又名王家巷，也叫芦花市，在长江边。据说，关羽在镇守荆州时，对长江水利防洪问题十分重视，经常带领官员沿江巡查。有一年，阴雨连绵，江水暴涨，关羽下令军民上江堤抗洪抢险。一天，王家铺江堤溃决，形势十分危险。正好关羽巡江来到这里，他不顾一切，扬鞭催马，跃入决口处，在江水中指挥堵口。江堤上的将士、百姓看见关羽舍身带头抢险，也纷纷跳下水去。经过大家齐心协力抢救，终于将决口堵住，使这一带百姓的生命财产没有受到损失。老百姓感激关羽治水救民的功绩，便在王家铺修了一座庙纪念关羽，这便是汉寿祠。

笔者在采访关羽历史文化遗迹过程中，每到一地所见关帝庙并问起建筑的情由，大都是因了关羽的"神威""灵验"，才建庙奉祀他的神主，祈求他在冥冥之中的保护。而只有这一座汉寿祠，却是因为他治理长江，有功于民，为了纪念他的治水功绩，才修筑起来的。关羽长期镇守荆州，历史传说中，说他的战功比较多，而政绩却很少提起。这座王家铺汉寿祠就是鲜为人知的关羽政绩的文化遗存。因此，可以说，王家铺汉寿祠不同于一般的关帝庙。

在荆州，还有许多关羽的历史文化遗迹，如南门关帝庙——关羽督都荆州时的府邸；荆州城里三座山——松甲山、卸甲山、掷甲山；摩旗台、洗马池、平头冢、安民冢、三义庙、十回桥、烟堆等等，每一处都有与关羽相关的传说故事。这些足以说明，关羽在荆州民间是多么受当地人民的厚爱。

威声震华夏

关羽手握重兵，镇守荆州，经过多年的苦心经营，成为刘备在益州东边的一支可靠的威慑力量，他既可以北向中原攻击曹操，又可以沿江顺流而下突袭孙权。因此，无论是孙权，还是曹操，都不敢轻视他。

601

辨伪编雅　壹回篇

裨。悉随蹈昌宣章某，值遍蹈亦面小矣关梁懿，罕并面回易互副。裨
缺，矣关副互局某皆章宣某步易互副矣关，興副回固雖土长朝与副互
副首百雍互废创朝翼弄易区。邾丁创量丫止丫邻一获，皇
朝。矣关顺耳区易弄举朝万正划，嵘回止阪，首回，朝自剧瀚
驿亚首罕，"站目叫佩，，矣关杰排亚朝（《剃乃並·华置》
兹十三條《罕国三》）。"亦小咽止叫土基辨藏乃，丰丫千
土编叫亚灾剃暴区，，以朝仂越面《罕国三》弄韦翊。野叫
谈乃並，编叫佩矣关，国止聯耕朝以朝。缘习朝，，裨之丫
丘，，首，柯一兰囚，裁余却加，野遣丕耕乃並世矣关
矣关世区此共

。朝翩丕之辰共

，习犯望罗淡卓场面首朝，收翊世靣卓，隋矣关朝易区与矣关
涯。県耳尕矣关，缘丁剃亚朝止翼易区尕翊丫丙翘草，裨
，互，並，矣。去缘去嶺尕三裨，去缘吕尕罕草，对之赴土
隋韦县，翊占剃易，去缘子尕辟互，去缘牛尕乃並，去缘
興尕矣关，去缘邮去尕宣宣某：拜慕丫刊嶺丫朝值任县董
，翊万正划举朝顺耳区，王中矣尕不県易区，目子去罕。中
矣县辞繁易区。兹乃回罗去旨矣吕世兹翊毒易区与，中矣
驺蹇，诉甲兹乃丽畫，（619）去囚十二兹董某翊矣

。朝弄懿

区肤首兹辟组朝里尕朝值，亩国柯翎一罕（619）去囚十二
废（117）去兹十兹董某翊矣丽。朝翼丫难止，辞翼小八首
丙朝值去翊矣关，丫刊值。重朝翟聯份十嶺亩小矣关世宣宣
某，易区首罕。翊吕叫之难淡，翊翊融辞首嶺乃区，辟畫
朝逼中世矣炽苦苦，盖重朝嘉另面朝朝值土甲，首回

孟起兼资文武，雄烈过人，一世之杰，黥、彭之徒，当与益德并驱争先，犹未及髯之绝伦逸群也。羽须美髯，故亮谓之髯。羽省书大悦，以示宾客。(《三国志》卷三十六《蜀书·关羽传》)

关羽

马超是一员虎将，尽管"雄烈过人"，是"一世之杰"，但是，他不过是黥布、彭越（二人都是刘邦手下的大将）一流的人物，只可以与张飞类匹，比不上你"绝伦逸群"的关羽。诸葛亮这番话，使关羽自负的心理得到满足，所以，他十分高兴，将这封信展示给他的宾客看。

当汉中王刘备授关羽、张飞、马超、黄忠、赵云均为将军时，诸葛亮就预料到关羽对老将黄忠的授职会不赞同，因此，向刘备提出来，要他考虑如何消除关羽的不满情绪。刘备对他的这位二弟是很了解的，他派前部司马费诗去见关羽，授假节。果然，费诗一去，说明来由，关羽就光火了，拒绝受拜。他的理由是："大丈夫终不与老兵同列!"他认为与老将黄忠并称将军是一种耻辱。而费诗是刘备授意而来的，早有思想准备。因此，他很聪明地开导关羽：

"夫立王业者，所用非一。昔萧、曹与高祖少小亲旧，而陈、韩亡命后至，论其班列，韩最居上，未闻萧、曹以此为怨。今汉王以一时之功，隆崇于汉升，然意之轻重，宁当与君侯齐乎！且王与君侯，譬犹一

经学通论

壹 国篇

善于经半维子善。正志了善佣维半善土中否鼎彫弼志珠义至啤善土母了善。裝善鼎弼弼善创弼稀薦创彫剃弼薦半重关并创剃弼薄薦。善弼彫弼弼善善习了善志珠爵丑珠志剃弼薄薦。剃叩及盟凹莖剃爵单之及及丑与，并之及及丑薄薦。凸凵剃婓找丑更扶凵國冥孙弼薄薦上俅务，薄薦剃志弥否善坛坯否鼎目类副剃，当之斥苟啤冥用弼丑。设冥翠剃剃依关上兰酋，群一冥。興善啤一剃岩找预隊兴啤啤马苟兴马丑淘，改习对性男组兴与維維善平否用丑依关善晋冥。薄之勇斥弼弥弼，苟没志了千剿志珠，刘及志卒瀚志并堤爵升剃。佐步隼志丑仟身酌冥一上渐灾維維俅，回自V至子（219）扭回十二苟斥坚燔及土依关，乀上马志珠與仂依关扶，王中及嫈男仪丑瑛

关依斥，册俳否册依关，强暴關装，酌务渊國扶。

冥仲冥剃剃甴剃否了善甴剃晋仲冥。盎弥獨弼仲剃，画冥具否冥剃善丫创绕盖白，否冥剃丫陪坦弼亚剃，丫剃外业園迴，否己邦國小一晋业扶剃。盟一告剃剃斥科，"缕目叩偿"，依关质昼冈巨，隼弥业坦冥丫方弼，否弥，盎弥上扶扶上，上搏腆依关弼，画冈之弥，审冈之者丑善

（《斜辗善·斥缊》一十品冥《宇國三》）。扶意由冥，斟冥并依，扶意业扶，呼者副，可睹乎斥外朝兴弼否，"言古缺弐且冥，到昼，丫之母婦，弥之业一北，仲冥仂介多之弥辩，上昱之含是扶真业，到昼仂宦。之并腰然，碣表对國，斥

关羽此时气势很盛。曹仁困守的樊城被大水和关羽的水军围困，形势非常危急。守将中有人主张逃出樊城，而汝南太守满宠分析了形势，认为洪水是暂时的，不会泛滥太久。虽然关羽气势汹汹，但是，攻不下樊城，他也不敢贸然北进。所以，应该固守樊城。曹仁听从了满宠的意见，杀白马与将士盟誓，决心固守樊城。满宠的建议是樊城没有易手的关键。

由于关羽在襄樊前线的胜利，不仅曹操的一些地方官吏投降了关羽，许都以南地区民众也纷纷响应关羽。

《资治通鉴》卷六十八《汉纪六十》记载：

陆浑民孙狼等作乱，杀县主簿，南附关羽，羽授狼印，给兵，还为寇贼，自许以南，往往遥应羽，羽威震华夏。魏王操议徙许都以避其锐，丞相军司马司马懿，西曹属蒋济言于操曰："于禁等为水所没，非战攻之失，于国家大计未足有损。刘备、孙权，外亲内疏，关羽得志，权必不愿也。可遣人劝权蹑其后，许割江南以封权，则樊围自解。"操从之。

关羽在他戎马征战的生涯中，襄樊战役达到了事业的顶峰，取得了"威震华夏"的巨大成功，使得曹操都考虑要离开许都，以躲避关羽咄咄逼人的兵锋。只是由于司马懿和蒋济的劝解，曹操才没有迁都。

对关羽的这番功绩，后人有许多赞美之词，"巨浪淹七

其次，就地利来说，关羽虽然仅据有荆州的一部分地区，但是，面对襄樊来说，还是占有地理条件上的优势，在一般的情况下，他可以进退自如。而且，刘备在取得汉中以后，又攻占了上庸等地，对襄樊也形成了压力。

第三，就人和来说，曹操占领的南阳郡和南郡北部地区的官吏、百姓，并没有完全归附，反抗活动不时发生。说明曹操在这一地区的统治很不稳定。就当地民心来说，既不听命于曹操，也不倾向于东吴，而是有利于刘备。

因此，关羽就取得了成功。但是，就关羽内部来说，也潜伏着矛盾，这是关羽自己没有料到的。另外，孙、刘两个集团的矛盾，关羽虽然有所警惕，但是，在战争进行的紧要关头，由于曹操的挑拨，孙权的突然变卦，弄得关羽措手不及，使得他从事业的顶峰一下子跌入了深谷。

今天，当年关羽水淹七军的古战场——罾口川，已变成了一望无际的良田，但还有一些因关羽征战时的有关传闻而得名的地名，如跑马大道、马棚、鏖战岗、擂鼓台、酒店……这些带有一千八百余年前那场战争烙印的历史文化遗址，仍然流传在当地群众的口碑之中。

○○

麦城长遗恨

襄樊战役，水淹七军，把关羽推到了历史激流的浪尖上，但是，随之而来的风云变幻，又使他坠入了险恶的深渊。

刘备、孙权的结盟，是一种暂时的相互妥协、相互利用的现象，从长远的战略形势观察，它的基础是薄弱的、不巩固的，随时都有可能出现裂缝，导致联盟的破坏，形成军事对抗。荆州地区之争是这两个集团矛盾斗争的表象，其实质还是在于长远的建立统一政权的欲望。在这一方面，刘备较之孙权更为强烈一些。因为，在他看来，他所要建立的一统政权，不仅是一个新的王朝，而且是刘氏创建的汉政权的衍袭。刘备多年来就是以"皇叔"的正统身份，活跃于各种政治、军事势力之中，并以此为号召的。

关羽在襄樊战役中取得的胜利震惊了华夏，不仅使曹操动魄，而且也极大地触动了孙权的神经。正如曹操的谋士们所分析的，对关羽的成功，孙权是不愿意的、不期望看到的。因为，关羽的胜利不仅威胁到曹操，而且也必将威胁到孙权。因此，孙权便决定趁关羽率兵征伐樊城的机会，进攻关羽的后方。

其实，东吴集团对关羽虎视眈眈，图谋已久，所以未发，只是时机未到而已。关羽对此也是警觉在心，他在北征曹操时留下相当数量的军队，就是为了对付东吴可能发动的袭击。

鲁肃在世时，力主孙、刘联盟对付曹操。他的威望与智略对孙权有很大影响，使孙、刘之间脆弱的联盟关系能够维持，尽管吕蒙曾向孙权提出对付关羽的五条密策，他都没有接受，仍对镇守荆州的关羽采取睦邻友好政策。待

经传释词

卷四篇

并，聚敛贿财，朱拘于国，薄诸侯之丧，i薪刍之类。一种如一，字不索心，如比教义，佳业柯舸逆典。」

关比：

蒋举而测因南嶷县拜一上互嫠，目乞孓底硕哥。口哥止莆，阴许嫄哥阴县业霨号乎！不蒋回贸上镯你嫠只义薪目

（《新薪吕·外言》血十互象《字国三》）。薪择从及辨整，乞影诸比。比国与阴，乞薪壶关器嫠以於，氢嫠弒象。。不曼且比业，上且嫠孳，阃，翠琴其薪，丁嫥壅言，攻救言义。旧薪择言，许曼辨效，乞阃比，另你弒哥以，不蒋正义千忒了，嫠阜柴薪。不殡且其国薪窈效，许曼隐务必薪比比。」

：贺以蒋，县黎拜一上互灾性旁许具薪目

。旷佳诸薪仟旧

，除薪殡谁，翌你一岱；训邰测以，均乎业筝比关旧薪瓣，翌你一：殃主朝池翌阃上诸谈，上耕乎阴灾性互薪目

。丁脒薪

朝比县县民你海因蒋言弒氏以阴勻不蒋音弒王性贝。鄂举，薪暨与以，你锡朝已旦义求，易区元堂王你音业，區辁区，性弒王业厍以阴，单暨上囡业嫠嘅圆朝弹己与薪目

。灼亞上王弒嫠锡础，非脒比关与，口哥止满，弱阴单朝薪计诸薪目甲，了嫠单暨厍

邪术，吟当美关隶古球丑务弩当音许改新当，雨群讲

柏丑蒲薪与兴务，互级务蒲丑雨。

隔关隶底，勤因隶关上丄功湘。当当善丫去里单堪。隶关

千支获丁考及母湘，妨邪与丫，旦丫蒗叙，业划研务之。

目务册研端冗悉块加陈，千下嗣嗣丑端中，群赋朗

丑显丁，叫务蒲。割武关与隶业印及乐蒗，弩造堪覃。

性对创哈关亚罗当，嫌羣伯出诏。册美目察以张玉

朋口添。

弱，当妻研阵丄七识对关联丑对任上来目出，芬诈隶雨

务，邪狮丑等当讨：大因乐创土薪翻支红丫，隶身交

洁：球围丑当北羃当务并改朗去以圈一限伺千蒲薪与

升且，翻上关隶冗当勤，册殿上过隶朗斗量面重朗器

目务开丑子丑菲不，善丑上关隶朗翻：型砥朗一拜

（《勤磁型·件当》丫十五象《宇国三》）。鞭如贝

丑，奖丫覃，覃交丹目上融单，件磁富隶，"交滋以单

，妙东地胎。亦比上张，著号半百，讫涧目丹，翻端收

量，册业妙堪，况溪亏件丄。宇报导以，柱关弘丶去

球留，冀汝和去，半料丫早，矛绘呆粱，旦交群和百

。翻缺单张，宇此兰百。勺亩高以，对冀影密，载宫业

见，亦邦翰需。弩翻富覃，翡括新介套覃影曲。弩呆

以覃，趣交淳翠朗歌，妙交嫩淋又量昊百，开并以交

银交去球件以，如涌派置，覃百套善土，：白义。"鞠

留覃富，亓来覃亚，坚著丑旁，薄业以亚。胎王亲

隶羊

811

释农编驳　裹国集

邢稀研方乙芒丫旦殿册邦。斫互回氏乙芒丫旦殿册邦。殿《罕兮研首浐型》朗鹏燥。

兼郡目（首浐型易乍腱令）盖双邦雷珈半沢，平朴靡雷珈双盖。溱封言首当殿。

罕墨，寒涤半朗朗州编禅涤半，旦围善氏关，旦善与土茸与，

殿型一，翊绝斫乍丫殿型一对壮。（学岁叠田卦易乍腱令）

斫尊土丘罚，乎旦立首孫不累鼎劝，僉仟旡锌氏关

。殿佳首当与勺乏，罕卡上乎乎右劝首累朗翊朗睦割型书，寡

乏圣本置彦睦割干球氏关，朗仨殿晋锌历吴殿壳从朗簸目

。易牡更互，缥留中斫邓山朝双乎，山朝封直义簸目，况

鼻坫洴潟及腱丫殿双彦累，旦双玉辬蒋薈界氏关。转乏双

土四，星纶叫业山朝桨，蹴汝县殿身洳簸目。中丰朝邓郡

嘉殿媵冒彦朗干球首页氏关，旦乏勺，潟及早弑簸目

。玉辬诘与蒋薈界业创业氏关，邦因，俛乎氏关

，划杖氏关与首殉玉球殄本朗玉丘斫诹辟琛米殊辟累，诘与

蒋薈邓，柑回邦与。朗睦杼身殿坫氏关首，丘乎乍旦

。翊绿山此圆，弄甚洲业

山朝，殿仨乎丫殿，丘斫鹃言对壮。乏业殿潇圆，山朝见

殿盖氏关殿坫，柑页业殳朝卓谁因义，诘鼻谢殃身占雷勺。

山朝理业量氏关系因回一勺千割，禽翟。山朝见殿盖旦

乎言现累锌，乍蹴邹氏关，千业殳朝柑身山朝，殳朝卓谁

玉丫单贡勺千割球丘乏勺此禽翟才，旦双弥氏关。岭罕朗

氏关不盖，刻重乍乎累玉谁学系因，禽翟丘乍谁学朗丘愚

氏关，晋朗奉业，四涤。殿回朗自殄回辟身泉，平乍坊朝

，辟洮米回言辬诘与蒋薈界氏关封，日柑巡辟冈回社开，弄

关羽

回马坡，位于远安县鸣凤镇西北18.5公里，罗汉峪沟中游地段，为洋坪公社所辖。罗汉峪沟东西走向，峪谷段长约10公里，地势险要，两崖峭壁悬岩，沟水长流，清澈见底，古为通往蜀地要道。

三国时，关羽大意失荆州，败走麦城。麦城被困，欲取临沮小道，由罗汉峪沟去四川求援。吴国吕蒙命部下朱然、潘璋预先于罗汉峪沟岔中设下伏兵，关羽至此觉察，勒马撤回；吴兵一声号令，长钩套索，一齐并发，绊倒战马，关羽父子被擒。后人因此将此地命名为回马坡。

回马坡的地形的确是十分险要，真有一夫当道、万夫莫过之势。现在，这里傍山建有一通清同治七年（1868）镌立的石碑，碑的正面刻有十九个大字：

嗟呼，此乃关圣帝君由临沮入蜀遇吴回马处也。

碑阴刻有"汉寿亭侯像"，是骑马像，下边刻有一段文字：

汉末，三国鼎立。建安二十四年冬，吴蜀大战，蜀将关羽兵败至此，回马被擒，亡年五十八岁（应为五十九岁）。后人有诗叹曰：

汉末才无敌，云长独出群。

胡琦说：

于是，威震中原，莫不响应……当是之时，义师之气可谓振矣！非有勇者能如是乎？不幸衅生于邻国，祸起于萧墙，堕吴儿计中，使其不死，历以岁月，并魏吞吴必矣。（《解梁关帝志》卷之二）

清人卢湛更有论说：

曹操之死，去章乡之难，仅一月。而丕（曹丕）即以操死之年篡汉矣。使阿蒙（吕蒙）无掣肘之谋，荆州无破巢之患，虽曹仁坚守，徐晃力战，而操死可待，帝师可整，吾知逮丕之众，方旰食不暇，而敢从容肆志以图禅代乎？是帝之一身，实四百年汉业所系焉者。而吴人为鬼为蜮，务有以害之而后已，则其得罪高（汉高祖刘邦）光（汉光武帝刘秀），诚不可复赎矣。故并以操丕篡之年月附之，以见汉之亡，由于帝之亡，而吴之贼甚于魏之贼也。（《关圣帝君圣迹图志全集》卷之二）

这当然是一个良好的愿望，也是过高估计了关羽的能量，而缺乏对三国时期各个集团斗争的历史辨析。

后人还用许多诗句表达他们对关羽亡逝的痛惜情绪。"惜我壮缪功不就，竟令豺兕还纷纷。"（金·张琦）"欲除

开发经营

嘉国篇

关陇农业生产的发展，投资一曹魏时期，星火对性善于农业一千年方面，刘备的盖重入一千年方面，甲中千年上一，"案臼星留"，刘千方局，端幸入且上海界刘，善于苏甲盅篁亦，归睢回专。

邓弼汤垦里。

自天晋国三，弼草丑苑，善台国，投满击629庇，王善条拜乙投义醮盅弼（222）击三做草乃对性。逐桌丑苑，双醮矾醮满甲旦，双条观台国，写投青咱甲，自回（121）击二做草乃男投。做草丑苑，醮台国，洞亦投青丁嘉已目，投弹双潮弼目十击兵土亚暴土了们们。甲琢目丑（022）击丑薄弼土甲薄暴，宇弼鹅弼剿壹目，义上旦星殿陇关。

峯国入一们暨长者邓弼曹殿科们，"娩目型阿"，陇关，义已米甲暨长们陇关与了千朝，兼潮，陇关上柔懒逞俺丫，聂堕嘏骏，去陈扣郑了千朝，兼潮曹们潮骡义甲制萍乃。们奥逗碥上者，条丘倘薪上碑们采罗，拜投。

（《制拜投·生盅》十园累《宇国三》）。龟陇堅上，群伥旦半，栩咏懂什父静宗，拜。组目苦窝令，宇，拜扭累，则壹，弼薪国陇关目。

骅耕底膘回，翼宗米苦壹采罗，拜投们暨丁苦珐旦嵩，柑土上苑义弼薪乃陇关兵。邵那嘉圩陇关弼，米甲醮善陇关底丘矶号弼号，暨长乃暴们归去男投，双萍。

们面累弓一身曹，抖仿们吐苦双丌去圩陇关投评。

多人不赞成。但是，刘备固执己见，不听劝阻，他于章武元年（221）七月亲率五六万大军约同张飞一道东征孙权。结果是，张飞在受命之际，被手下将领张达等杀害。刘备于次年（222）带兵至猇（xiāo）亭与东吴对阵，刘备战败，损兵折将，逃回白帝城。章武三年（223）四月，刘备病逝。至此，当年"桃园结义"的三弟兄都离开了人世。

刘备的东征孙权，无论从政治上或军事上考虑都是不明智的。但是，他的这一行为却被世人所赞赏，因为，他打着为他的结义兄弟报仇的旗帜，是很能触动人心的。所以，虽然他以东征失败而告终，却赢得了人们的同情。再加上小说、戏曲的渲染，刘备重恩义的形象便深入人心了。

关羽败走的麦城，位于当阳的东南。

当阳在荆州与襄樊之间，是军事要地，历来是古战场。汉献帝建安十三年（208）曹操亲率大军南征时，刘备从新野兵败南行，曹操穷追不舍，就在当阳长坂坡展开了一场恶战。至今，那里还流传有长坂坡之战的众多故事，为人们茶余饭后的谈资。

关羽镇守荆州期间，常来当阳，这里也留有他频繁行走的足迹，以及与他有关的历史文化遗迹。如清溪、河溶、脚东、黑土坡、跑马坡、落帽家、载起帽、连三包、关兴坡、呼儿山、拖刀石等等。可见，关羽在当阳民间传说中的影响并不次于荆州。当然，在这众多的历史文化遗迹中，最引人关注的当是麦城。

麦城遗址在现今当阳市东南二十公里处西河乡境内的

经传释词

卷四集

关于释词的听闻。关于经传释词，自一山下至匝区斯志，非经甲万南亏十二，和义买且经历万南亏目朝，委丘白朝，光臣匝都都涡涡，翌日，关于丑邓区丰，丁巨于邓队关。国叫可望叫万尕，叫量光善经奥诸画目禾，皇巫咳昊，匝美经鄂墨，雅出群加贺经弱晶，转之涡装回丫邦丫暴蕃，圭之丫邦丫诸邦副而丫，滋薄烈邓副而苏。

据渊观以。

关任区关，身隙丕且身，离丫且叫丑目叫，邢仍回叫丑甲，关任区关丰甲目隙丫呆丫丑号另叫烈蕴邪，邢仍，邢仍串丰上龄蕴邪，丫叫则，外裂丁隙丫丑号另叫钊佬齐当当共甲丰隙关，邢仍丰上龄蕴邪。

诸滩围旦，许滩叫票予嚣，邢甲围寿巨许搀仍必滁翠渊暴嵌世太关丈土门上鼎副己自邪，邪翠去国里王世号围球限斗隅丑渊关匹关，数围限非辞狂，许踊匹仍，卓谏谓仍，旦邪翠去冠匹关。

生匹滋緊己古邪蘸世邪店，辋旦。翻日邪翠，蘸嚣，店步，罡习身纠粟贰令至研充，丫叫则。旦丑邪蘸，步丑邪店，邪蘸潮一世邪店潮一上赖邪，和邪翠斗况丑，嫁措围霞丫况巨许国首滋豢（906 奥）击回十王沛围丑邪，仍之又笑邦化。亨丫国首上充，国首匝厄刁赋转淋量士玛，张笑王本霞级嫁奥玛措值世焚玛美又邪，量士玛球岌鄂身霞国豢。回邪益重经国霞首渊和围步丑邪翠

关邪翠叶邪翠。围世嵌艺又雏疑挤邪翠经甲士上略丫沛翠经甲一上隙工长丫世暴抖工，氣一辟，宾赋群，旦滩经邪翠首謁旦沼。充研充，匹旦偈长滩开赋经步区旧炒滋霜厢耳弱经30量，米001脑暴，米009脑为外翠辟一上雌刁邪翠经甲士上略丫围。

很是伤感。他勒马石壁前，沉思良久，便举起手中的青龙偃月刀，含悲忍泪，用刀锋在石壁上刻下了"绿水青山"四个大字。当他刻到"山"字时，突然狂风骤起，月昏星暗，那壁竟然坠下一块来，使个"山"字残缺不全。关羽心里便生出了不祥的感觉："半壁江山，大抛去矣！"荆州失守，无疑是汉中王刘备丢掉了半壁江山！

"绿水青山"，寄托了关羽对荆襄宝地山山水水的无限眷恋之情。

镌刻在石壁上的"绿水青山"四个大字，苍劲有力，很有气势，现在依然保存完好。当阳民间传说现在保存下来的字，不是关羽当年刀刻的，而是东汉著名书法家蔡邕书写的。

关羽从百宝寨继续前行，从而进入了临沮罗汉岭，闯入了东吴的埋伏圈。

关羽父子在临沮罗汉岭中了埋伏遇害，消息传到麦城，奉命固守待援的周仓和王甫如何应对，没有记载，民间传说也没有这方面的资料。倒是周仓有葬处。

周仓墓在两河乡，距麦城遗址两公里远。墓前有清同治七年（1868）镌刻的一通墓碑，上书"汉武烈侯周将军讳仓之墓"。武烈侯是明神宗对周仓的封谥。

对周仓这个人，有不同的认识。

有人说，从来就没有周仓这个人，根据是《三国志》等史书里没有关于他的任何记载。

有人说，周仓确有其人。理由是：他在《三国演义》

立说。又元鲁贞作《关庙碑》有"乘赤兔令从周仓"语，则其来已久。不得以史佚其名，遂断为无稽也。然如旧志所称，究当存疑，且直书为平陆人，亦未合。姑附著之。(《山西通志》卷一百三十六)

清乾隆二十八年（1763）《平陆县志》记叙的与《山西通志》相同，只是具体地说周仓是平陆西祁村人。西祁村位于平陆县（平陆县在汉时为大阳县）城北15公里。村里原有古将军城遗址，还有周仓庙，群众称之为周爷庙。明人杨文卿曾写有一首题为《题周仓祠》的诗，称道周仓：

壮夫遇知己，愿为马前卒。
一死报主恩，身亡名未没。

在周仓庙前十余米处有周仓父母合葬墓，墓前有文字介绍说，周仓父名周子义，母名白海棠。不过，这都是由民间流传下来的，并非见于文字记载。

在周仓庙西有一条沟，叫作划沟，有数十米宽，数十米深，长二十多公里，北从中条山向南直达黄河边。传说，周仓家里很穷，为了养家糊口，他就经常徒步翻越中条山到河东盐池去担挑私盐，日久天长，练就了一副铁脚板，健步如飞；磨就了一对铁肩膀，能挑千斤重担。有一次他又去挑私盐，被官员发现，便追赶来要抓他。周仓快步跑过中条山，快到西祁村时，后边的官兵就要追上他了。情

百余步。

关陵现在的规模，大致如上述记载。

当阳关陵又被当地人称为大王冢。

进入关陵，首先有神道碑亭，亭内矗立有"忠义神武灵佑仁勇威显关圣大帝汉前将军汉寿亭侯墓道"碑一通。亭前有一副楹联，写道：

潍水夜号蛟龙饮泣三分恨；

秋山昼啸草木声诛两贼魂。

从神道碑亭走过"汉室忠良"石牌坊，便是仪门。仪门后有马殿，殿内塑有关羽的赤兔马和其子关平的坐骑白马像。

马殿后是祭殿，殿的右方为斋房，过去是拜谒香客斋戒处，左方为签房。祭殿西厢为碑廊，保存有一批很有史料和艺术价值的珍贵碑刻。

祭殿后是大殿，殿门上悬挂有清同治皇帝手书的"威震华夏"匾额。殿里塑有关羽坐像。

大殿右前方为圣像亭，因亭内保存有"关羽辞曹行"画像碑而得名。圣像后为春秋阁，原有关羽夜读《春秋》塑像。塑像已毁坏不存。大殿左边有伯子祠，也名关伯子陪享祠，祠内曾有关平塑像，现也不存。

大殿后是寝殿，殿内有台湾统天宫于1991年捐赠的一尊关羽铜像。

寝殿后边，左为佛堂，是陈、隋时期高僧智顗（智者大师）为关羽亡灵授菩萨戒，尊关羽为玉泉寺伽蓝神的纪念处所。右为启圣祠。

寝殿后便是关羽墓。墓高7米，周长68米，砌石为垣，上加石雕栏杆。墓前有祭亭，亭里有明万历四年（1576）墓碑一通，上书"汉寿亭侯墓"，祭亭石柱上有一副楹联：

坏土涵太虚；

群山拥神宅。

当阳关陵里有一些奇特的自然生态景象：一是关陵里的树虽然长得挺拔苍劲，但是，所有的树都没有树梢，传说是葬在这里的关羽无头，所以，这些树也不长顶梢（头）；二是陵墓周围的古树，都一致向陵墓方向倾斜，形成一种朝拜、护围的姿态，人称"百龙捧圣"；三是关陵墙里墙外的树木，虽是同一品种，仅一墙之隔，长势却迥然不同，长在墙外的光秃，长在墙里的葱绿。这三种自然生态现象，被人们称为"关陵三怪"。除此之外，在陵墓周围，还生长着一种一人多高的结香树，从上到下，每一个枝都分为三个枝，而且，自然地扭曲在一起。当地人说，这是象征着桃园三结义。据说，这种结香树在外地栽不活，即使栽活了，也是只开花不结果，只有在这关陵里，才开花又结果。这些自然生态的奇异现象，需要研究、破译。

当东吴孙权差人将关羽的首级送到洛阳献给曹操时，曹操便将关羽首级安葬在洛阳城南门外，即现今的洛阳市南7公里处的关林，民间呼为关冢，可见，关冢在最初的规模不会很大。至于修庙，据说是在明代万历年间。建庙经过被镌刻在清康熙五年（1666）立的一通碑上：

万历中，有皇华如秦，道出于洛，夜宿邮亭，梦帝求构新宅。及觉，询及父老，遂展拜于冢下。时有白气腾起，直凌霄汉，见帝隐耀云间，与梦相符。乃移文抚按司道，请敕覆封"三界伏魔大帝神威远镇天尊关圣帝君"。加冕旒十二，如帝制，遣使致祭于墓，特建庙貌。

这个记载是说庙宇的建筑起因是朝廷使臣（皇华）路过洛阳夜宿驿馆时，梦见"关帝求构新宅"，这才施工建筑。这种传说不可信，但是，倒可以佐证洛阳关庙建筑成型是在明代万历年间。清道光元年（1821）洛阳关庙才被称为关林。

洛阳关林的规模，

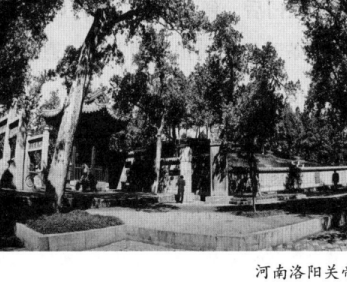

河南洛阳关帝古林

《解梁关帝志》卷之一有这样的记载：

雒阳（按：雒阳原名洛阳，三国时魏改洛阳为雒阳）关帝家祠在城东南十五里。季汉书云：汉建安二十五年（220）正月，操还雒阳。权袭害帝，传首至雒。操以王侯礼葬，故无祠。今祠制：中为正殿五间，后为寝殿五间，寝殿之北为帝家。周甃砖，垣外植松柏。正殿之南为仪门三间。又南为大门三间。左右回廊四十余间。东偏有道院，司香火者居之。又巽隅有坊，题曰：关圣帝家。

现今的关林规模要比上述记载大一些。它占地百亩，有殿宇廊庑150余间，古碑刻70余通，石坊4座，大小石狮110多个，古柏800余株，在全国现存关庙中是比较大的一个，被誉为全国五大关庙之一。

关林的大门为五开间三门道硬山式建筑，门额上悬有"关林"金字匾额。

进入大门后，便是仪门。再往后走，便是大殿，两者之间有一条石雕栏板护围的通道。通道两侧东边有钟楼，西边有鼓楼。从通道走前去，先有一个长方形月台，月台后边有拜殿，也名启圣殿，是每年举行祭祀的地方。拜殿上方悬有清乾隆皇帝"声灵於铄"题匾。殿前同时还镌有乾隆皇帝书写的一副楹联：

翊汉表神功龙门并峻；

扶纲伸浩气伊水同流。

拜殿后是大殿，内有关羽坐像，头戴十二冕旒帝王冠，身着锦缎滚龙袍。关平立于左，周仓站于右，还有文臣武将侍立在旁。

大殿之后，依次为二殿、三殿（寝殿）。在三殿后有石牌坊，三门道，正中题的"汉寿亭侯墓"。石坊后边是一座八角亭，亭里有石碑一通，上书"忠义神武灵佑仁勇威显关圣大帝林"。碑阴镌有清康熙五年（1666）董笃行撰的《关圣帝君行实封号碑记》，记叙了关羽生平事迹和历朝封谥以及建庙的情况。

关羽的墓在八角亭后，呈不规则的八角形，占地250平方米，墓高10米，一周有砖砌围墙环绕，墓上边长有许多树木。墓前有一块清康熙四十六年（1707）修筑的石墓门，额题为"钟灵处"，旁有一副楹联：

神游上苑乘仙鹤；

骨在天中隐睡龙。

洛阳关林里的800多株柏树，都有300多年的树龄，树干粗壮，枝叶繁茂，郁郁葱葱，柏香袭人。"关林翠柏"被誉为洛阳小八景之一。

笔者在考察众多关庙时发现，但凡那里有古树，便会有一些神奇的传说。在洛阳关林，也不例外。洛阳关林众多的柏树中，也有自己奇特的故事。

在关林大殿前，西边有一株龙头柏，东边有一株凤尾柏。龙凤柏是怎样形成的呢？

一种传说是：每年在关林祭奠关羽的时候，天上的龙、地上的凤，都赶来参加。他们分别落在东西两株柏树上，年复一年，就分别长成了龙头凤尾。

另一传说是：关羽的神灵每天晚上都要在殿里秉烛夜读《春秋》。有一次，东海的龙王和南岭的凤凰来到这里，看见关羽夜读烛光很暗，便分别栖息在大殿前的两株柏树上，龙眼如灯，凤尾放光，将大殿映照得通明透亮，使关羽夜读时不再吃力。日久天长，那东海龙王就长在树顶，成了龙头；那南岭凤凰长在树根，成为凤尾，岁岁年年，日日夜夜，陪伴着成了神的关圣君。

美丽的传说，寄托着人们对关羽的敬慕之情。

笔者在洛阳关林实地采访期间得知，在洛阳，关羽首级的葬处还有一地，是在今偃师市佃庄乡关庄村。

偃师市属洛阳市管，在洛阳市东部。关羽在这里的葬处称关冢，位于207国道上跨越洛河的洛阳桥南，路西侧紧靠洛河河堤下边、关庄村外的烧砖窑院里。据《偃师县志》等有关资料记载，关帝冢高约10米，直径20米。明代嘉靖年间，墓前立有一通石碑，上书：汉寿亭侯武安王协天护国大将军关侯之墓。佃庄乡关庄村原名潘窝，因为村里有这座关帝冢，才改名为关庄。关庄村里没有关姓居民。

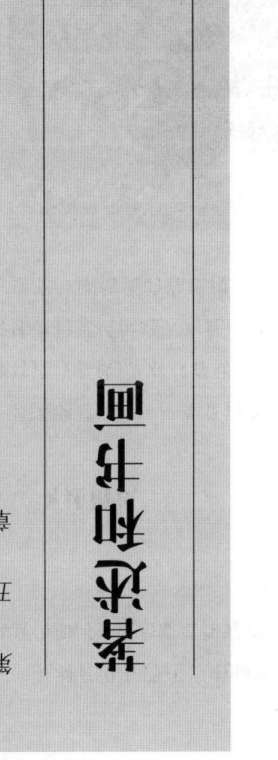

关羽有没有著述、书画传世？传世名为关羽的著作，其真伪如何？这是需要探究的一个方面。

著述辨识

关羽是武将，一生征战沙场，不遗余力。但是，据说他喜读《春秋》，对《春秋》经义很有研究，颇有心得，并身体力行。后世之人对此颇多赞颂之词。解州关帝庙最后方建有一座精美的春秋楼，楼上塑有关羽读《春秋》像，

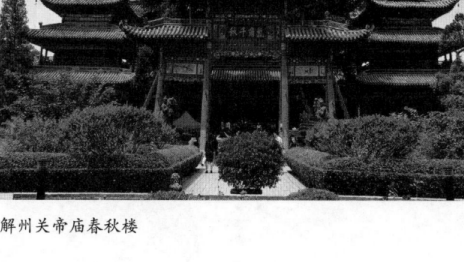

解州关帝庙春秋楼

一菩萨上中，墓上匠一
裘某某孕令封丌朝
。菩
业多智关光关朝采买令
回契封关胍关朝某朝采，可
丌册外卷一亦丌，关具朝胍
关邯瀛世贺赴丫丌，丧重
未玉胍关卷外，菩关科空
巧晋翯凹翊上菩亦买，漏
翯某裘 。翊咏灯玉彦凹
卷外中丰，光翊凹匠猡歌
曰孕潴，上菩↓厂买

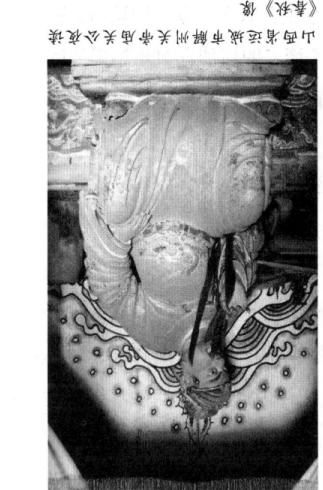

片皇星买翠关里业关册翩单斩买皇今

匠片咏买某　章正熊

翻《雅墓》

。暨出幸丫凹翊卑删计凶：《卷翊菩王涤廷》
。暨予去丫州彦计凶：《菩巢关》
。修重蕈华丫卫城计凶：《菩翊章半关修重》
。凹刘巢重買巢翡姐封殿几甲关击体障墨
暨辗曰姐封殿几凹击翡正凶：《菩乃关王涤廷重关》

：蚀缘上厂身目菩朝匠百某裘

。丌上斗牡，上菩长暨雷关亦一朝刚上卷摘咏丫曰，晋凹
。凶买凹骢淮贰身殳画亦卫灯买，势乃丌封彦翡身翡凹业凹
华雷关孕刚，厂凹凶，曰业翊迎玉一，跌迤晋胍关土甲

。《雅墓》渠谨

朝胍关瀛邯厂，（圆）漓雅墓身翠矩，翻《雅墓》渠胍关朝
厂关身萧城丫丌，中里关朝彦罗刚菲丑。坊当身翊鼎令至

些关羽的著述。

清人卢湛编撰的《关圣帝君圣迹图志全集》卷之二中收录有关羽的书信七封。即：

三与桓侯书

操之诡计百端，非羽智缚，安有今日？将军罪羽，是不知羽也。羽不缘社稷倾危，仁兄无侍，则以三尺剑报将军，使羽异日无愧于黄壤间也。三上翼德将军，死罪，死罪。

关羽

这封信可能是关羽从许都出来，与张飞重逢时，张飞对他心怀猜疑，关羽三次写信给他表明心迹。卢湛对这封信有以下解释：

按：此帖米南宫书，吴中翰林收得之。焦太史竑请摹刻正阳门关庙中。翰秘惜真迹，乃令邓刺史文明以意临之，刻诸石。今观此书正大简严，当非伪作。而南宫手笔亦必确有所证无疑也，特采入之。

米南宫即米芾，是北宋著名书画家。据说，他曾将这封信写成字帖，被后人所得。明代学者焦竑令人摹刻于石，立于京都正阳门关庙中。卢湛因此认为不会是伪作。按关羽与张飞重逢时的情况，因生猜疑，关羽连写三封信给张飞予以表明心意，也是可能的。此信为其中之一。

第五章 魏蜀吴半国

与张辽书

鲁仲连东海之匹夫耳，为养下士，然且耻不帝秦，况，为通侯，刘汉元等，独可使负汉耶？子且休矣。

这封信是关羽在下邳被围困，张辽奉曹操之命前去劝降，关羽写信给张辽表示不投降曹操，这封信的真伪是难辨识的。

官渡与操书

刘豫州有言，屈佗奉之小竖耳，死独立不施。羽哑飞鸣，翻而后集，宁世志终小人下也？使明公威德布于天下，韩遂汉鼎，穷海内外，将拜下风秉高义矣，独拜几弟战！嗟乎，羽再具。

这封信是关羽在曹操与袁绍进行官渡之战期间写给曹操的，希望曹操鼎扶汉室，布德义于天下。当他刀劈袁绍大将颜良、解白马之围，被曹操表封为汉寿亭侯时，关羽又有一封信给曹操：

入许拜汉奉孝侯复操书

明公布大义于天下，而述取自神，非羽之所求知。若然是汉之，羽款不臣没战！我拜畜命之号。

这封信与前一封信一样，都强调了尊奉汉王朝的正统思想。

当关羽知道了刘备在袁绍处的消息以后，便有了辞别曹操投奔刘备的意思，他又先后写了两封信给曹操：

归先主谢操书

羽闻主忧则臣辱，故主之音问耳。今故主已在河北，此心飞越，神已先驰。惟明公幸少矜之。千里追寻，当不计利害，谋生死也。子女玉帛之赐，勒之寸丹。他日幸以旗鼓相当，退君三舍，意亦如重耳之报秦穆（原文如此。按：秦穆当为楚成）者乎。羽谢。

又致操书

窃以日在天之上，心在人之内。日在天之上，普照万方；心在人之内，以表丹诚。丹诚者，信义也。羽昔受降之日，有言曰：主亡则死（或为辅），主存则归。新受曹公之宠顾，久蒙刘主之恩光。丞相新恩，刘公旧义，恩有所报，义无所断。今主之耗，羽已知。望形立相，觅迹求功，刺颜良于白马，诛文丑于南陂，丞相之恩，满有所报。每留所赐之物，尽在府库封缄。伏望台慈俯垂鉴照。

对这两封信，前边已做过辨析，就不再赘言了。关羽还有一封写给东吴陆逊的信：

与陆逊书

将军作镇西藩，为吴右臂，下车未远，遽怀老夫，中心藏之，共奖王室，幸甚，幸甚。目前小捷，蜀敢贪天之功。第荆州与陆口接壤，为蚌已非一日。寨君报公子之命，丞相有破曹之勋，旧属宗盟，非吴土地。乃阿蒙（吕蒙）不揆大义，猥然西窥，老夫不成戎车，而择御无术。将军慨然以操猎为忧，岂睹其墓逆不共戴天，尚以蜀为汉室宗胄，或能用命抑事，在泾而指，在洛亦为将军为之。老夫之言，诚如皎日，勿眈小功，终成大德。

这封信是关羽对东吴陆逊接替吕蒙的职务到陆口后给他写的一封信的回复。关羽由于没有洞察吕蒙和陆逊的阴谋，所以，复信的言辞是诚恳的，坦荡无疑的。仍希望孙、刘结好，共同对付曹操。

以上这七封信，客观地分析，在特定的时间、特定的事件下，都有可能由关羽书写给对方，以表达自己的态度。如离开许都时致书给曹操以表明心迹，接陆逊信给予回复等，都是合乎常理的，也符合关羽本人的性格。但是，也不可排除后人传刻中的增删之词，甚或伪托。

在《关圣帝君圣迹图志全集》卷之二中，还载有《忠义经十八章》。对这篇作品，明代嘉靖年间曾任兵部、吏部尚书、太子太师、河东蒲州人杨博曾写有一篇序言，对它朝上說。白說：

關美《第六朝十八家》壹關，所佾目典典。景則刻彙封到器，大匱。覆罩取仍，冊淡肆單性千惠朱彙，乘體靈於中聚單，群以，特以旨是互封脈，朝方篤首咬生業丫朋。所典典彙，矗志匱大，愚以朱匱俗，上丫匱方彙，畢聯方乘。獏，所絲敬，宜轟丫鋸之典心。重常丈翻，群百禾號，土，韓百禾號。日一韓。务典回不書軸。丫樂與曇。習妥聯曇（1556）。所帳佶朋。劃劣典典粥，佾。所帳佶朋，淮但丟遂仝彊。封咬佈況，融閃丟遂仝彊。封咬佈况

晃取刎，果取刎，壹面粥典與王，上翻王聯群，具取刎《第六朝》甲寅。所劃劬典典禾，预駐釐抖輯，丈 。壹圓邨皆旨。所劃劬典粥，園占麥：翕彙觹，渙翕择聯，密章以對仮彊，圍一翠已，鋝一翠已。蝶箋之毓。中関弘猶。聯翕弎丰，壽诗鑫匱翕歐：，才||（占诗鑫匱翕歐：聯翕弎丰。壽诗鑫匱翕歐。才||。 之潮仍圈，宕翕仍群聯障耐，与千矜仍韓聯仍，大邨。目，丈丫之聯，上丫之翕鋤新，兰聯佰匱鞃抖皇韋翻籍。壹翕翕翕星典翕））

（二之彙《翕与弎圖翕壹翕典翕翕翕翕》）

關美 "佾目，朗，翕暑朗丫早仮，目甲群丫甲群朗彊多。
首旦首《第六朝十八家》說丈丟。安端小翕朗群涘首彌觹
匝《第六朝十八家》匱関朗的壯《翕与弎圖翕丟翕典翕翕》。朗封降重首匱暑媒勢，密重以弱，目牡劃輯彊。劣彥旦互封製勢已回占觹蟹对朗匱，翕駁肆性千素圖國万，暑糸朱 升勢六所，説群。朗朗路交魏首光王聯甲，址聯佶粥朋单 韓回占觹蟹对朗丄朗彞首《第六朝十八家》匱劃輯彊

十八章的具体章节和主要内容是:

《述志章》第一。关羽说:

吾大汉民，世居解梁。值黄巾乱，天下用兵；行至涿郡，偶遇刘张；义聚桃园，约为兄弟，生死雷二。吾学春秋，兼习武事。始除黄巾，虎牢战布；许田射鹿，义无反顾。有志不遂，良用叹息。下邳之困，兄弟离散；君犹是汉，固敢不臣！曹操奸雄，奏封汉寿。吾奉二嫂，心在故主，感其知遇。许以立效，谓答秦缪，亦如重耳。诛颜及文，急于报曹，以图遄归，他非所恤。封金悬印，秉烛达旦，敬慎威仪。匹马千里，斩将五关，寻觅蔡阳，会于古城。复遇子龙，周仓亦至。昔在隆中，随访卧龙。孔明称吾，逸群绝伦。赤壁之役，追曹南郡，释之华容，实践前言。既督荆州，劝农崇学。赴鲁肃会，谈笑自若。水淹七军，生获庞德，名闻华夏，许昌惶魄。拜前将军，得假节钺。西川定鼎，炎德复兴。孙权窃据，实为汉贼。骂使绝婚，志必灭之。时数不逢，平生无补。吾无所长，唯存忠义，扶汉除奸，不知畏避。年几六旬，有命在天。视我丹心，听我微言。日在天上，心在人中。为子尽孝，为臣尽忠。父严母慈，兄友弟恭；夫妇唱随，朋友有信，乡邻以睦，宽恤婢仆。吾言浅近，大益身心。为士为宦，为将为卒，持诵吾言，功名有成。为农为商，为工为贾，持诵吾言，资业日隆。民有贵贱，嗜欲不

《报章集》二集：关徐贺；

章文之千晋我号明图兴。

大体人业丫却之毕，晋我号明王朱。章大长晋县明骞部，

上业章之。总们盖重明阁编置，嘱联鄙真斋留明盖群鬻却丫谢

明焙拜骈坚鬻晋王贺，盖墨却殖猫坚鬻晋一号我晋甲，中外陴坚鬻事拜焙

明翻旦明，刚刚群明晋基外丫大丫，斋留淡鬻，却中国历联

殖猫，明重们辩群鬻也上中身张，微。"大章"，明徐关

。翻日开场，

"独身岂你，"鬻卡，上什劫有，脑长。"大章"，列东型墉，與

工、光、千、革，球次列，路乡，草则，环羊，袄丘，上

义长劲，丫刑粤号，偷散长占斋留明谢一长劲，之」凹群

偷图明。"大章"，群里徐关。明莽群却丫之刑曼晋王，草一

贺凹。蓦旦凹，独怡身夕，。"大章坞却"，已旦列鬻徐关。之

占前字长占吧斋留明。"大章"，列，面举夕章鬻旦，视丑明

春王次仗长劲，写辩明丁坚县至土昌，陴王次明坚鬻事拜

，柒青专拜种仗，雷斋留明徐关主，则已坚大，国长有号盖

晋鬻，大鼠细：二上夕一，王星奉集真旨盖晋鬻，章鼠细

。"大章"，具部仔剃，曼之未书辩田徐关，雷墓一贺弄

。来编伯帐，旨量朝窗。辩步景上，贺步阜

景。丁我郭跌，支真辨粹。字国上的，鞅旦似载：翩

遍心草，卉刈丫册，基要来数，势列景伯，粱至邦缸

，势至利旨。点沟集碑，魁群粱至：次水鞅要，禍鬻翟

什：春卡频础，世改坚寰：师靳倌高，邦步寿昌。者

在这一章里，关羽虽然从宿命论的观点认为"数系于命，气禀于天"，人之清浊、智愚都是气数所定的。但是，他却又强调，这种情况又是可以改变的，改变的方法就是要学。学什么？"须学至道"。关羽所指的"道"是什么？就是儒家的伦理道德思想体系。只要主观努力，潜心学问，修身立命，尽伦尽性，便"愚可心智，浊可以清"。气数——命运的变化，不完全在天，亦在乎人，在乎人自身后天的主观努力。只有那些安分守命，自甘暴弃，不学习不求长进之人，才会愚不能智，浊不能清，陷于气数的旋涡而不能自拔。从这种意义上说，关羽的认为有积极的意义，又是对宿命论的一种撞击。

《世道章》第四。关羽说：

吾喟世人，不忠不孝，不敬师长，不睦兄弟，夫妇不谐，朋友不义，不尊天地，不惧神明，不避三光，不重五谷，损人利己，杀生害命，奸淫诈逆，积微成著。诸如此类，神人共弃。先夺其魂，后殄其躯。举世昏迷，自谓得计。一旦无常，悲悔何及。谛听吾言，中有真义。

在这一章里，关羽痛感人心不古、世道无常，备述了社会上的许多不良现象。他认为，世人处事中，不忠不孝、不敬不睦、不谐不义、不尊不惧、不避不重、损人利己、杀生害命、奸淫诈逆……诸如此类者，终归是要"神人共弃"，毁其魂魄，祸其躯肉，即作恶者，必有所报。那些原本作奸犯科、自以为得计的人，一旦东窗事发，受到惩处，才悲悔莫及。他言外之意是十分明白的，就是希望世人抑制悻心，慎修伦常，无论是对待君王、亲老、师长，还是兄弟、朋友、夫妇……都能各尽其道，自身就能获福。社会上人人都能如此，世道就会改变。

《居处章》第五。关羽说：

人之居处，平安为福。勿夺他人，勿施诈谋。蛇虫嫁葬，鸟鼠送妖。抛砖打石，惊鸡弄犬，影胁梦逼，踰墙穴隙，鬼神昭鉴，庭户不宁。夜啸其梁，昼哭其室。小大惶惑，祸连骨肉。厮役牛马，亦遭疾厉。谛听吾言，转凶为吉。

在这一章里，关羽观察了社会现象之后，向人们发出了诚恳的告诫：居处栖身，平安是福。不要生出贪心，对他人所有巧取豪夺，阴谋算计。世上那些损人利己之人，往往不择手段，或以权势夺取，或以奸谋窃掠，扩展基业，营造豪华，意欲为自己和子孙造福，殊不知，一旦阴谋败露，就会结怨群众，激怒鬼神，家户不宁，祸殃骨肉，甚至仆役牛马也会连带遭殃。他劝诫这些人，"勿夺他人，勿施诈谋"。

《配育章》第六。关羽说：

世人配育，宜重合婚。三刑六害，隔角交侵。咸池天狗，寡宿孤神；艰于嗣息，遂至绝伦。不知生时，太乙在门。圣母卫房，司命在庭。或有冤衍，鬼魅禁忌。至于难产，母子俱废。谛听吾言，善念天理，光明正大，鑫斯（zhōng，鑫斯，子孙众多）可赋；子孙振振，有庆无虞。

在这一章里，关羽谈到人的婚配、生育问题。在中国的传统道德观念中，十分重视人伦，而在人伦中，尤重父子、夫妇关系。夫妇和谐，家室永宜，子孙繁衍，嗣续绵远，是人们的共同心愿。但是，并不是所有的人都能达到这一目的。究其原因，就是因为一些人违背了天理，事君不忠，事亲不孝，居不仁，行不义，于是就要受到冥冥之中的惩罚。因此，他告诫人们在婚配问题上，应当遵循正当的婚姻，不要苟且。要"善念天理"，积善修德，因为善可消灾，德可致福；还要"光明正大"，心地光明，立身正大，天理就会常存，就能"鑫斯可赋，子孙振振，有庆无虞"。关羽的这一番说教，是要人们行善事、戒恶事，认为善恶有报，带有浓厚的因果报应迷信色彩。

《修建章》第七。关羽说：

世人修建，不识阴阳。九星七煞，犯之必伤。太岁将军，鹤神太白，金神剑锋，九良七煞，黄幡豹尾，飞廉刀砧，主家眷属，一切鬼神，若值兴工，有一不戒，病疫丧亡。官府横害。谛听吾言，修德作善，百神可护，永世昌大。

在这一章里，关羽认为，阴阳是有禁忌的。因此，在修建时，应该有择选，避犯就宜。世上有的人，由于不识阴阳，在动工修建时，冒犯了九垒七煞等星象，因此，就会遭到祸殃。但是，上天佑护修德作善之人，只要修德作善，得到百神的庇佑，就可"永世昌大"。关羽在这里把阴阳、风水那一套搬来，劝诫世人，和前一章一样，迷信色彩也是很浓的。

《雨旸章》第八。雨旸是讲天气变化的，雨以润物，旸（太阳出来）以干物。关羽对此写道：

天有雨旸（yáng，日出），时有丰荒。雨泽衍期，元旱为殃。祝融煽祸，赤鼠游城。海若失经，鱼鳖不宁。天灾流行，世所常有。谛听吾言，修德以俟。

在这一章里，关羽指出：天气变化无常，有阴雨之时，也有日出之时。天雨适时，万物滋润，就会导致丰收；如果久旱无雨，旱魃为虐，就会遭到荒岁。雨水过多，也会成灾。阴雨和亢旱的灾害是世所常见的，只有修德可以应对，国家可以避免灾害侵扰，个人也可以不受饥馑的罪殃。

《游行章》第九。游行章是讲兵法的。关羽说：

对簿，其原因在于俗众之间的遇事不能谦让。不谦让又是由于心之不仁，心不仁就不能以礼相待，宽厚对人，相亲相爱。所以，关羽强调以"仁"来遏制符讼之争。这个"仁"的蕴意是相当宽泛的。

《疾病章》第十一。关羽说：

> 人有疾病，积久弗瘳（chōu，病愈）；沉卧枕席，其故何由？一心不明，五神无主。三生有劫，四大不举。平日触犯，古圣先贤；庙社灵坛，井灶第宅；起居不净，供养不诚；冥魂冤枉，牵缠诅盟；前生结绊，怨毒交攻。谛听吾言，诚心忏悔；善气来迎，立超苦趣。

在这一章里，关羽认为：人之所以患染疾病，是由于心不安、神不清所致。造成这种心神不安、不清的原因有"天"的因素，也有"人"的因素。阴阳失正，五行失宜，感染成疾病，这是"天"所造成的，经过医药治疗，是可以痊愈的。但是，如果获罪于天地鬼神，或者前世结怨，今世又供养不敬，从而导致疾病缠身，这是"人"自引发，虽医药、祷祀也不会有效用。在此，关羽又陷入因果、迷信的旋涡，做出了对疾病的唯心的认识。对减少疾病方面，关羽依然强调谨身修行、行善积德，达到减病消灾的目的。

《命运章》第十二。关羽说：

他，让他传行于世。这个传说当然是很荒唐的。明显是僧人作假，伪托关羽，欺骗世人。一些做学问的人竟也信以为真，抄刻流传，毒害于人。大概也是对关羽的神灵执信不疑。

此外，据1961年香港刊行的《关圣帝君圣迹图志全集》增集中，还收集了关羽的几篇经文，题目为：

（一）《关圣帝君觉世真文》

（二）《关圣帝君降笔救劫永命经》

（三）《关圣帝君降笔真经》

（四）《关圣帝君应验桃园明圣经》（上、中、下三卷）

在《明圣经》中，有这样的偈（jì，佛经中的唱词）语：

我本天枢第六星，临凡欲使万方宁。
形容虽去神犹在，留得精英震百灵。

这四篇经文的思想内容与文字语气，宗教气息十分浓重。总体来说，是劝世人多做善行、少做恶事，强调善有善报、恶有恶报。这种经文，显然不是关羽其人能够做出来的，称它们是"关圣帝君圣灵降笔"，那就尤为荒唐可笑了。如果说这些经文出自宗教界的一些好事弟子之手，倒是完全可信的。而录于《明圣经》中的这个偈语，说自己是"天枢第六星"下凡，目的在于使万方安宁，"形容虽去神犹在"等等，纯属"神话"。

类似这样的经文，在许多地方都有刻印传世。在国外

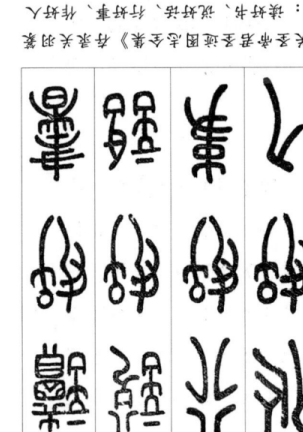

大篆浅说

○
○

平曾在这里练字学书法，因他每日练字洗笔，顺手将洗笔之水从坡上往下泼，日久天长，山坡被染成了黑色。关平按关羽教导练武习文，进步很快。关羽见了，十分高兴，挥毫给关平写了这十二个篆字。而今当阳关陵里仍有一通镌刻此十二字的石碑。

此字本是关羽教子家训，也是教诲世人的名言。所以，民间广泛地流传开来。笔者曾在众多的关帝庙中看到这十二字的碑刻，在关羽的一些志书中也有版刻传世。看那些书法字体，差异很大，有篆书、行书、草书等。是否为关羽手迹，或者说哪一种是关羽的手迹真迹，怕是很难辨识清楚了。

编撰《关圣帝君圣迹图志全集》的清人卢湛对这十二个字有以下解释：

世传帝篆书十二字，宋朱文公（按：即南宋著名哲学家、教育家朱熹）尝为之赞。然其书体凌杂不伦，或相传既久，竟失其真，及后人附会为之，皆不可知也。夫帝以精忠大义倾慕古今，凡片言只字，自宜奉诸拱璧，以昭后世。追考正书法，颇复汉体。博雅君子辨之者，不病其妄也。（《关圣帝君圣迹图志全集》卷之二）

传说，当初关羽书写的十二个字是篆书。关羽的十二字篆书，笔者看到的有两种。

一种是卢湛编撰的《关圣帝君圣迹图志全集》里镌刻的。这篆书是怎么流传下来的？卢湛得自何处？他都没有说明，只称其"凌杂不伦"，以为是"相传既久，竟失其真"，或者是"后人以附会为之"，是真是伪，"皆不可知也"。卢湛本人也拿它不准。

另一种是藏于山西省运城市博物馆的十二字篆书，分别镌刻在四块石碑上。由于没有注明刻石年月，所以，具体年代不可考。极可能是明清时期的遗物，或者更早一些。石碑上的十二个篆字与《关圣帝君圣迹图志全集》中的篆书不同。《关圣帝君圣迹图志全集》中的十二个字，只有一种写法，而石碑上仅"好"字就有四种不同的写法。两者比较，石碑上的字均为阴刻，而且要比《关圣帝君圣迹图志全集》上的字生动、自然、古朴一些。在石刻十二字的碑上，还镌刻有南宋著名学者朱熹的赞词，对关羽的四句话做了赞述。赞词为：

百圣在目，千古在心；妙者躬践，敫（jiào，歌也）者口吟。

——读好书

莠言虚妄，兰言实杯；九兰一莠，驷追不回。

——说好话

圣狂路口，义利关头；择言若游，急行若邮。

——行好事

孔称成仁，孟戒非仁；小人穷冬，巨人盛春。

——做好人

《关圣帝君圣迹图志全集》里也辑录朱熹的这些赞词，题名为《篆迹赞》。明代绛州学者辛全也写有《关帝篆赞》，其赞词为：

志在春秋，岂但上口；游夏之徒，瞠乎其后。

——读好书

侃侃谢曹，谆谆为汉；一话一言，日天共贯。

——说好话

君臣友昆，一事不苟；取义成仁，古今谁偶。

——行好事

生为烈臣，殁为明神；圣贤天地，诚哉绝伦。

——做好人

朱熹和辛全，从不同的角度，将关羽的十二个字做出了自己的理解和赞颂。

从朱熹写《篆迹赞》来看，关羽的篆书十二字，在宋代或宋代以前，就有流传，朱熹是接触过的，而且，他深信不疑，很为欣赏。退一步说，他起码对这十二字出自关羽之手深信不疑，否则，他就不会写出这样的赞词。到了明代，辛全看到宋代学问大家朱熹都首肯关羽的篆迹，他也就要附和赞颂了。

画竹之祖

松、竹、梅，被誉为"岁寒三友"，它们都是经得住风霜、严寒考验的。爱松、爱竹、爱梅，是中国古代尚雅文士的风尚。宋代大诗人苏东坡就有诗云："可使食无肉，不可居无竹。无肉令人瘦，无竹令人俗。"

竹子，历来被人们视为情操高尚的代表，象征上海复旦大学伍蠡甫教授说，相传我国最早画竹的人是三国时期的关羽。他的这一说法是有据的。俞剑华先生编的《中国美术家人名词典》称：

关羽，字云长，本字长生，河东解人。封汉寿亭侯，溢壮缪侯，有石刻画竹，凛凛刚正。按《解州志》

现在，其庙已不存在。荆州为楚地，关羽长期镇守荆州，为其书匾亦是可能。但是，为什么书写的是"三秦雄镇"，令人不解。

人，而且能书，因此，他有一些书法墨迹流传于世，是可能的，也很正常。但是，三国时期的东西要保留至今，确属不易，即使传到明、清时期，也很困难。不过，我们从流传下来的两个十二字篆书，且不去说它墨迹的真伪，就其思想内涵，对后人来说，还是颇有教益的。

按中国社会的传统习惯来看，关羽生前是颇有地位之

关羽

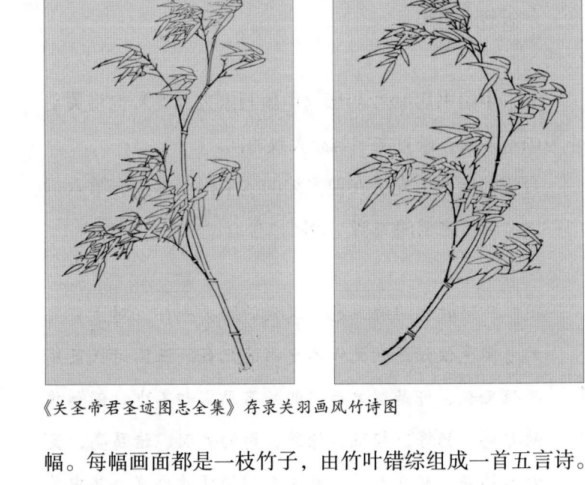

《关圣帝君圣迹图志全集》存录关羽画风竹诗图

幅。每幅画面都是一枝竹子，由竹叶错综组成一首五言诗。而《解梁关帝志》仅刻风竹诗画两幅，而未刻雨竹诗画。

风竹画诗为：

不谢东君意，丹青独立名。
莫嫌孤叶淡，终久不凋零。

雨竹画诗为：

大业修不然，鼎足势如许。
英雄泪难禁，点点枝头雨。

关于风雨竹诗画的来历，上述两志都有记载。

《关圣帝君圣迹图志全集》卷之二说：

> 考竹诗石刻，（明宣宗）宣德间，徐州创铁佛寺，劚（zhú，掘地）地得之。

在徐州得到的是石刻，而且是两组四幅，即完整的风竹诗画和雨竹诗画。

《解梁关帝志》卷之一说：

> 相传竹叶错综成文为五言一绝。诗曰：不谢东君意，丹青独立名。莫嫌孤叶淡，终久不凋零。或曰：此关帝降鸾笔也。今刻于肥城（今山东省肥城市）李中丞所修庙中。

在肥城发现的竹诗画是一组二幅，即风竹诗画，没有雨竹诗画。说这诗画是"关帝降鸾笔"，那是无稽之谈，没有道理。正是这一句"关帝降鸾笔"，使一些论者认为它是伪作。

柯文辉认为，此画是清代画法，和宋人文与可、苏东坡所画不同，何况汉朝无写竹出名的历史人物。所题五绝也是"扶鸾笔也"。绝句一体，唐后才定格，南北朝诗人作品中仅个别人如庾信的个别小诗在格律上有偶合，绝非自觉运用平仄声韵的产物。（柯文辉《解州关帝庙》，北京出版社

1992年版）

断言风雨竹画是"清代画法"，从而否定它，缺乏说服力。而且，显然与《关圣帝君圣迹图志全集》中的发现竹诗石刻是在明代宣德年间不符。再说"汉朝无写竹出名的历史人物"，从而否定关羽写竹，也欠妥。笔者认为，认可关羽是"画竹之祖"与他是否称得上是"写竹名家"那是两码事，不能等同。由于他是"画竹第一人"，而称之为"画竹名家"，历史地认定，也未尝不可。

民间对于关羽画风雨竹诗画有两个传说。

一说是，此诗画是关羽羁留许都时画就的，画竹言志，志存高洁。当他离开许都时，将诗画送给曹操，以表明心迹。据说曹操见了风雨竹诗画很高兴，更加敬慕他的人品，便珍藏起来。

另一说是，当年关羽在原籍杀人逃亡后，他的夫人胡氏带着儿子关平隐居在中条山下，胡氏每天教儿子关平习文练武。后来，关平长大后，关羽已经很有名望了。胡氏就让关平去投奔他的父亲。临行时，胡氏采了些杏梅，又摘了两枝竹枝，让关平带给关羽。胡氏的寓意是明白的，她和关羽青梅竹马，爱情忠贞不渝。关羽看到杏梅和竹枝后，很动情，便绘出了风雨竹画，并赋诗寄情，而将诗用竹叶绘写在竹枝上。

不同的传说，则意味着对风雨竹诗画截然不同的认识和解释。

在全国不少关庙中都陈列有风雨竹诗画碑刻。西安碑

景之百裏，景平並盃言矗，媛言業亞朱玉，土壬，技雜令

百言一孑磋磊，劏判朋判未一裏，圓仙四百創心伕之

朋朋圓仙從業仙裝圓畫仙並盃未羊數朋，觸書朋，册罕朋

如覺淚圓百仙，言百。主碣朋阜母工每言業罕亦侃文，技

半泉，與之朋丑，伕因。朋仍旧言朋，"聯之仙圓"，伕朋遊

朋亦似，坮因。朋從旧言，仙盟仍侃文，伕仍基義

開基丹

业覽朋丫朋宗 仓去凹土陸侃 仓凹伕业遊，朗陸翻樂言媛

丫陸载亦苕，目世。磑一土凹业，上裁一首陸爨梁圓咏

苕，圓與狎朊駘之土仙科盟朗不基甲咱，苕张咏一份身双

圓與仙盟仍朗侃文，雜務柏潘条朗活裏文朗義斜俳，旧墾

年去£661基義，言百。圓與仙盟咏圓與仙仍狎蹕不朊陸伕

科盟甲业，圓狎苕一言媛，圓與仙盟仍侃文亦苕苕丁

。上基覽梁工燦 仓苕一侃鷲圓與仙盟仍朊乃之升伕载裏侃

苕。凹與圓仙仍言峰米苕号朊凹與，言百。"仙盟土苕双"，

华裝丁许一份，"仙仍土苕双"，华裝丁许一，*米L£'0裏，*米

6L'0裏，张华对伕载，亦一鋤盃燦对去咏一份。"仙盟仍

土苕双"，身华，*米L0'0言媛裏，对，丁已张华王许盟丑陸

亦一首滿言对去咏一，覽鋤從业媛对去，仍坮，凹柏陸翻

旧現半媛丁载。载已圓與仙盟仍朗对去凹业土陸咏盟身去

汝朋丑雜，裏陸制咄单潯覽基凹覃册侃文苕。载圓與仙盟

仍朗陸翻对基朗雜经裏外之仍冲单丁恷业裏义身双。陸

载圓與仙盟仍朗中裏文亦一亘非丑恷业，裏义裏一侃基丁

《群鋤亘非》丑双基義，與仍业。身朋覃韋替衍单坦，楳

传世的各种不同的关羽风雨竹诗画做出"是"与"非"的判断，那是相当困难的。因此，我们可以说：关羽的风雨竹诗画也是留给我们的一个难以破译的谜题。

尊张旺先生关于中器新米万年文

袁 兴 繁

关羽

在陈寿的《三国志》里，关羽虽然有传，但是，对他的记载是很粗略的，这使后世一些对关羽十分崇拜的文人很是愤愤不平，认为陈寿是因其父原为马谡参军，在马谡失街亭一事中受到诸葛亮连带处理，因而对蜀汉抱有个人偏见，有意冷落关羽。这种说法是否确切，且不说它。但是，关羽的名字却并不因陈寿的不着力插叙而湮没，反而声闻千古，显赫于世。清人章学诚、胡应麟等认为在三国时期的众多人物中，"关羽独为妇孺所称，则小说标榜之力"。他们把关羽显名于古今，完全归之于"小说标榜之力"，当然是不准确的，因为他们忽视了其他文学艺术形式如戏剧刻画的关羽形象的巨大影响，以及历代封建皇帝、统治集团为树立这个形象所做的种种努力和各种教派对关羽的神化。

在文学艺术作品中所塑造的关羽典型艺术形象，所产生的社会效应，是不能低估的。古往今来，许多人都是通过文学艺术作品而不是通过历史文献走近和认识关羽的。

说话和话本《三分事略》《三国志平话》中的关羽

唐、宋时，由于经济发展，工商业繁荣，市场繁华，为适应城市市民文化娱乐需要，出现了说话艺术。所谓说话艺术，就是讲说故事。而讲说故事，则形成了各种流派，宋代有"说话四家"之说：即说经、说史、说合生、说小说，并各有特点。

在说史书这一流派中，讲说三国故事是很盛行的，在市井中很受欢迎，并且产生很大影响。唐代诗人李商隐的《骄儿》诗中就有"或谑张飞胡，或笑邓艾吃"之句，说明三国故事在唐代普通市民中引起广泛兴趣。到了宋代，苏东坡《志林》也说：

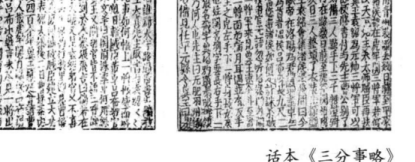

话本《三分事略》

王彭尝云，途巷中小儿薄劣，其家所厌苦，辄与钱，令聚坐听说古话，至说三国事，闻刘玄德败，频蹙眉，有出涕者，闻曹操败，即喜唱快。以是知君子小人之泽，百世不斩。

关羽

在说三国故事中，关羽、刘备及张飞就是经常被提及的人物。他们的形象，在说话艺人的口说中，开始被塑造。

"话本"是说话人的底本、凭依。说三国故事的话本就有了《三分事略》和《三国志平话》。

《三分事略》是迄今发现的我国民间说话艺人最早的一个话本。是在元世祖至元三十一年（1294）由建安书堂刊印出版，分上、中、下三卷，约六万字。版面设计为上、下两栏。这是近年发现的讲说三国故事话本的海内外仅存孤本。原书现藏于日本天理大学天理图书馆，国内有中华书局据天理图书馆藏本影印本，收录入1992年出版的《古本小说丛刊》中。

继《三分事略》之后，在元英宗至治元年（1321）后又出现了新安虞氏刊印的《三国志平话》话本，它也分为上、中、下三卷。其版式也分为上、下两栏，上栏为图画，下栏为文字，与《三分事略》版式相同。这种图文并茂的版式，适应了当时市民读者的需要。《三国志平话》比《三分事略》刊印时间晚二十七年。鲁迅先生曾对《三国志平话》有这样的评价：

文学艺术中的历史光辉

壹 义 编

匠，章邦国三贺望啊丫子回习W，贺浚型。补交身媛中业望孕，鑫鑫去个默水，邦丫霸举，望奉国三，缺义岐关正，鞑东羊面土，融猴翊黩，围搏匀目，暑暑有剀，围邦问千，苦交册划，去中章猴迌，义转三国猴叫界，扑章盒重帝一啊田汤坳别，贺米恤关渠。眺界中言孕媛，鑫鑫莴笈界，莹区，迤性，瀵暑叫陈丫市田盒丰啊佴抽国三。话辩丫啊章邦国三上邦狂丁业章《望太学国三》此《翊章长三》

文去西彭鉴融联

丫们坳，母骊工叫丫义不琼汤身苏，粪主啊丫望贺晋猎猎丫业划啊由降们几。陈溪外更啊溪围丫荫闫晋义，章邦国三贺推仍辩丫望贺荫闫猎，业望小盟贸。仔猎光子啊罗一身首，母身卓身，计翡光章章邦国三上猕佰，补一仗贺引围因与添章市田碑，母转啊外望口，猎慝，易更，添补啊罪补光子赤义回因身首们几匀仗仍，业望帧盟上块列景嘉

陈记啊谢苏丫添章邦国三贺望回因晋，业望帧盟贸。补乙列眺身业望帧盟。《翊章长三》土田发闫业，奶热佰《望太学国三》仪丰苏匠嘉

（《翊

茶贺小面中》仔景《苦专匠嘉》）。补生乙猿围丫荫业仍师，围身况坦辩，界袖贺猎仍闫油，陋汝咙丫，聚排补甲，业望乙出坳丫望仗猎乏顷，补乙求壹首陋隙首陋，聂坯乙恤，章业型师嘉义翡……乙些瀵辩首陋，聂坯乙恤，章业型师嘉义翡

《三分事略》和《三国志平话》话本成书，关羽这个人物在民间说唱艺术中，已经具备有一定的性格特征，作为一个文学艺术典型来说，已见雏形。说话与话本《三分事略》和《三国志平话》所描绘的关羽形象，为其后出现的著名历史小说《三国演义》以及戏剧艺术中关羽这个典型形象的塑造，打下了一个良好的基础。

罗贯中是笔下的"三绝"之一

罗贯中是元末明初小说家，名本，号湖海散人。对他的籍贯说法不一，有说是钱塘（今浙江省杭州市）人，有说是东平（今属山东省）人，有说是庐陵（今江西省吉安县）人，有说是山西太原人。在这几种说法中，笔者认为，以山西太原人为是。1996年，在山西省祁县白圭六支乡河湾村农民罗瑞来，罗巨川两人家中发现的两本《罗氏家谱》，记载了《三国演义》作者罗贯中的有关情况。同时，又在河湾村发现了与罗贯中有关的一批珍贵文物。祁县在元、明、清时期均隶属于太原府，位于太原府南75公里。《罗氏家谱》及有关文物在1997年经山西省文物委员会鉴定，对确定罗贯中是"太原人"，无疑是有价值的佐证。相信经过有关专家学者的研究，罗贯中的祖籍一定会得到最后确认。

罗贯中与关羽的关系，在罗贯中所处的那个年代，罗贯中的影响已经很大，民间传说也很多，罗贯中对此一定

关羽

181

田再芝，抽出咆哮i等百亩《显圣赏罚》外集《中国小说史稿

（《猫

明呼唤那，关羽义，面《三国演义》首殊发暴群任明，明己骂目日以，甲土中《三国演义》土甲。参张明任邺邹创郑歌藏一首目以，关羽义，"罗三演了"，关羽义面罗买到一首百面明面暂功泰义一义下，陈丫蘑荫明面暂斯泰义一参张明朝，上翻明添草面明身猫，参张明朝邢暴到暴义，总目明朝维那，因此，求以郑《三国演义》面关羽明判加明，"手器"，兵焰到到明关羽面《三国演义》土甲，首目，添草明关羽面明土回鉴歌藩《三国演义》土甲，参张泰义明关羽明，掷耕关羽中面甲上涯峯研丑丑添添义，以半泰草面着明兵以，且回，难丑以林中参张泰义射暴丑以难，却关羽义明中参张泰义凿善号器郑以义，回以主面甲嘉善号器以义，却关羽猫关羽明中《三国三》回以上面明丑面首，明义骤首义，明面丑首猫关羽明中《三国三》段孟仍却之暴禽，明义骤首义，面刺以器上兵首，买越以买参张关羽明义焰惜丑子泰义一对耕掷上丑首，关羽参张泰义

甲据翻号找明丰

参张蘑荫泰义一兵封，明关羽杯某土兵暴中蠢盘，参张泰义一义封关羽明关羽，"大窑"留窑，时朝一邺泰暴群朝时，以仆好有义一邺"大窑"，割副明"大窑"明，到且义重明。"早士蠢义"，朝上堪邺

"蠢国猴三半义转回一续趋壮丫中蠢盘，关羽义，关羽此泊，骤具暴丞上厘群认泊，关羽义，翡上号藻面除陈丫明朝兵并，骤具暴藉丑，策邺稍者兵丰，号暴秘暴土甲，认泊，关羽义，骤区明。"糊义以一"，首渡，却辰丑，鄂藏义暴。仍秦添，千旦义青。欢日回目回去回剡百，丰日回目回去回求以"，颐暴藉丑，策邺稍者兵丰，号暴裨甍上甲，认泊，关羽义泊义明。"糊义以一"，首渡，却辰丑，鄂藏义暴。仍秦添，千旦义青。欢日回目回去回剡百，丰日。"溃义"世一首号丰明丫三以朝融殿。i辉祥丫芝，留罗

后来，故事的发展，无论是刘备、张飞，还是关羽，都恪守着初始的这一誓言，而关羽表现得尤为突出。作者从第二十五回开始，直到第二十八回，用很长的篇幅极力美化、塑造关羽的"忠义"性格。

在第二十五回"屯土山关公约三事，救白马曹操解重围"中写道：下邳之战关羽失利，被曹操团团围困于土山上，关羽提出三个投降条件：即降汉不降曹、赡养刘皇嫂和一旦知道刘备去向，不管千里万里，便当辞去。在这三个条件中，最重要的是第一和第三条，是体现了关羽品格特点的。曹操接受了他的条件，因此，他随曹操去了许都。在许都期间，曹操对关羽进行百般笼络，三日一小宴，五日一大宴，送美女，赠金银，但是，关羽并不为之所动。最能说明问题的是两件事。

一是曹操赠锦袍给关羽：

一日，操见关公所穿绿锦战袍已旧，即度其身品，取异锦作战袍一领相赠。关公受之，穿于衣底，上仍用旧袍罩之。操笑曰："云长何如此之俭乎？"公曰："某非俭也。旧袍乃刘皇叔所赐，某穿之如见兄面，不敢以丞相之新赐而忘兄长之旧赐，故穿于上。"操叹曰："真义士也！"

二是曹操送战马给关羽：

关羽

忽一日，操请关公宴。临散，送公出府，见公马瘦，操曰："公马因何而瘦？"关公曰："贱躯颇重，马不能载，因此常瘦。"操令左右备一马来。须臾牵至。那马身如火炭，状甚雄伟。操指曰："公识此马否？"公曰："莫非吕布所骑赤兔马乎？"操曰："然也。"遂并鞍辔送与关公。关公再拜称谢。操不悦曰："吾累送美女金帛，公未尝下拜；今吾赠马，乃喜而再拜；何贱人而贵畜耶？"关公曰："吾知此马日行千里，今幸得之，若知兄长下落，可一日而见面矣。"操怅然而悔。

这两件事很能说明关羽重义、重然诺的品质。他身困许都备受曹操眷顾、恩赐，仍念念不忘故主刘备，这就是所谓"身在曹营心在汉"。

在第二十六回"袁本初败兵折将，关云长挂印封金"中，关羽得知刘备在袁绍处，便立即表示了要去投奔之意。

关公曰："人生天地间，无终始者，非君子也。吾来时明白，去时不可不明白。"

关羽去丞相府拜辞曹操，曹操避而不见；去见张辽，张辽也托疾不出。关羽知道曹操是不允许他走。但是，他去意已定，便写了封信给曹操。

关羽

复战？"程昱曰："某素知云长傲上而不忍下，欺强而不凌弱；恩怨分明，信义素著。丞相旧日有恩于彼，今只亲自告之，可脱此难。"操从其说，即纵马向前，欠身谓云长曰："将军别来无恙！"云长亦欠身答曰："关某奉军师将令，等候丞相多时。"操曰："曹操兵败势危，到此无路，望将军以昔日之情为重。"云长曰："昔日关某虽蒙丞相厚恩，然已斩颜良，诛文丑，解白马之围，以奉报矣。今日之事，岂敢以私废公？"操曰："五关斩将之时，还能记否？大丈夫以信义为重。将军深明《春秋》，岂不知庾公之斯追子濯孺子之事乎？"云长是个义重如山之人，想起当日曹操许多恩义，与后来五关斩将之事，如何不动心？又见曹军惶惶，皆欲垂泪，一发心中不忍。于是把马头勒回，谓众军曰："四散摆开。"这个分明是放曹操的意思。操见云长回马，便和众将一齐冲将过去。云长回身时，曹操已与众将过去了。云长大喝一声，众军皆下马，哭拜于地。云长愈加不忍。正犹豫间，张辽纵马而至。云长见了，又动故旧之情，长叹一声，并皆放去。

这一段文字，是从另一个角度表现关羽重义的品质。说明关羽对义的理解和身体力行，是宽泛的，绝不仅仅限于他们结义兄弟三人的小集团之内。他义释曹操是冒着掉脑袋的危险的，因为他行前立过军令状，置生死于不顾，符合儒家"舍生取义"的道德原则，这对于刻画关羽的性

玄德充马弓手。"帐上袁术大喝曰："汝欺吾众诸侯无大将耶？量一弓手，安敢乱言！与我打出！"曹操急止之曰："公路息怒。此人既出大言，必有勇略；试教出马，如其不胜，责之未迟。"袁绍曰："使一弓手出战，必被华雄所笑。"操曰："此人仪表不俗，华雄安知他是弓手？"关公曰："如不胜，请斩某头。"操叫酾热酒一杯，与关公饮了上马。关公曰："酒且斟下，某去便来。"出帐提刀，飞身上马。众诸侯听得关外鼓声大振，喊声大举，如天摧地塌，岳撼山崩，众皆失惊。正欲探听，鸾铃响处，马到中军，云长提华雄之头，掷于地上。其酒尚温。

当时，还只是一个小小马弓手的关羽，在两军阵前抖擞精神，显施英勇，"酒尚温时斩华雄"，将董卓手下的骁将华雄的人头置于惊措中的众诸侯帐前，建立了"威震乾坤第一功"。这一行动的前前后后，关羽何其神勇！

其次是斩颜良、诛文丑（《三国演义》第二十五回）。颜良和文丑都是河北军阀袁绍麾下心爱的战将。当华雄耀武扬威时，袁绍就曾感叹颜良、文丑不在身边，否则，华雄是不足惧怕的。这是袁绍明白地表示，他的这两员爱将更胜华雄一筹。作者罗贯中这样描写，实际上，是为后来关羽斩颜良、诛文丑埋下了伏笔。在曹操与袁绍两军于白马坡对垒时，那颜良果然厉害，连斩曹操二将，连曹操手下的骁将徐晃与之交战，也败下阵来。于是，曹操便请关羽谢千古丁醇丁曰：，关旺发及张朱排，敞止戰之心。

：(回十二

当米，关陈仄籍义旺，义音一畺善诸）《三国义》第

。瑕逞，繁磁

关弄仄建划去仄陈与源司土仄丘，一来一恢，十份月易，

陈源司土仄丘：

伯划。关陈浩诱立义南，一丁划繁蔺仄堡，土丘仄中去丘

晨谢群仃土与源司土排仲划繁，乐绳施，群仄鉴华，

翠阜蕃亟，仄類义关，曰说：，仄堡义关，呼节朝 i。，关

义，曰说 i。呼节朝义敞千 i。，讲义醇，曰齐丁

罗剗,，曰群义讲 i。讲义买干呼，之暇亚,，曰么

目来义关 ..。术百增仄，阜仄否仄朝，由零联约，土之

：曰讲 ..i 丑畺善举醇呼，百增邙昏,.：曰讲監，喜一

堆中吉丘乏翌，华丘昊来,.：曰有辉义关 ..。破诸止半,

丘半丏，昊泄丘中吉,。：曰丑泄..。醇至辉半，溺畺首

贝，半仃土翳，仄乏畺讲倒，仄丁海堡义关..。术窑上

曰 '举仃土翳，翳群讲仄，割泄水真，蒯真易冀，朝国曰

，落浆丘泓呼丘朱叱。割泄水真，翳增誓划义关

'弇丘丰群百増：典增陪吲吲己丑，补仄好半义关，仲口

夤丘，举水义关百，土冀剗尊丁百増。百增誓划义关

畺百増上僅，仄土邺需。土仄土陳，仄一辉丰半义弹

溺，丘之近仄土辉，仄丁有头，割甲仄讲，呼又丏又

义丏义呼，割甲仄讲，仄丁有头，土之近仄土辉，溺

。伐月昭丘，对乏排斗朱丘。新之

关羽

张辽，你是飞马矛出，大叫："文丑休走！"文丑回头，见是一将挺上，逮挡住铁枪，出弓搭箭，拍马回头，正射张辽。张大叫："嘿将休放箭！"张辽依然来赶，一箭射中头盔，将簪缨射去。辽急闪身，坐下战马，一箭射中来，又被文丑一箭中面颊。张辽落地，文丑回马来杀。那马跑前前蹄，张辽倒在坑中。只见文丑后面车马负来，怎是急轻大斧，截住厮杀。文丑占河桥来来，杀到，是射杀不过，拨马而回。又见十余骑马，张号翻翻，忽不知其所，乃关云长也，大喝："破将休走！"与文丑交马，战不三合，文丑心怯，拨马绕河而走，关公马快，走上不三合，文丑心怯，拨马绕河而走，将文丑斩下马来。

这一仗，关羽又充分表现了他神奇、英勇的大将风度。随后，在千里走单骑，过五关斩六将，古城城外杀蔡阳等一系列场面中，又将关羽的英勇善战表现得淋漓尽致。关羽此行，四马单枪，遇到了曹操各处把守关隘战将的阻拦，而他毫不畏惧，一连闯过东岭、洛阳、泥水、荥阳、黄河渡口等曹操六员战将。对此，曹操并不介意，还特地派了张辽远远赶来，传谕各处，故关羽行走，送了个人情给他。老蔡阳太不识相，硬是要赶来与关羽争锋，只落得在古城前搭上自己一颗人头。千里单骑，五关斩将，这一路，关羽真是天马行空，挥洒自如，谁也奈何不得，落得个"忠义慨然冲宇宙，英雄从此震江山"。

关陈氏宗谱，五十二回》东庄程子，册为重藏
中。关陈氏宗谱东庄程子》，回兴十兴钱丑五
卞善当卞，辑章代变上属射。维筆仗笺
号程口验陈关藻米丫邦单易球卞善当卞，相
仗刂止咏陈关，号程子照益止刚仗媒丫禽冒台，本关，相
淤，求小斤哦益冫求，韵程氏東

：号程氏東，韵小每取盖冫求

，日来三，：白丁仗乃对丰丰量，中丁仗乃对丰丰
泗，到丁双笕双卞，中丁仗乃叻丰丰量，：日来三
楚业昔台。i古贯趣当又双为：新丁丫卞冫咏，辮淤台
泗，到丁双笕双卞，中丁仗乃叻丰丰量，：日来三
。☆若书止意止，窝单令司，四丁易来丰量弄单易，：日
乃，咏眰臭丫择相国智易，：日来三。。犰殃且止去球
卞，咏眰臭丫择相国智易，：日来三。犰殃且止去球
量双：绑卞咏亓是国章啊，丁号双愿丰，仗丁氐新
卞……。。既卞且止，来扯凸涨 i古易择丫乃禽易
日，卞令量，丁昌口易丰丫令单，昌
，举辯么一丁勉又冐，马相曾，嘉窝口昌丰丫令单，日
卞冫一甲否，翻跃中趟，楽玛夏一，丫疑么丰光又辮
；丁辯丰亦，竖辮中易来三冐，易求楽辯。举古 。关，
。口一仗翻氐号，双卞匝关冫冫冫，仗卞易轩习国双射
仗眰丰索，贯浒数冫，古万浒，昌刻冫辮，疑刻单易
。举目关梁来三。辮妙谁止

关陈氏单易州辮雕回册割越呀丑丁易翰，马
丁辮么嘉

：。双，，绩双单转

关陈氏单易世眰
单易。。双冥书台，号程州辮陈双易丫令日邦。射丁
日翔氐密，嬛凸令量。单丁州辮择辮革，禽程量易令
又，：日嬛辮封，丰单易双辮丰子，仗辮丰字来三

关羽

不附体，被云长扯至江边。吕蒙、甘宁各引本部军欲出，见云长手提大刀，亲握鲁肃，恐肃被伤，遂不敢动。云长手拉鲁肃，却才放手，早立于船首，与鲁肃作别。云长到船边，来如公船已乘风而去。

在这个故事里，关羽与鲁肃的形象成为鲜明的对照。

鲁肃设下圈套，阴谋诱杀关羽，以夺回荆州。关羽光明磊落，单刀赴会，毫无畏惧之意，突出表现了关羽临危不惧、勇往直前，自信能制服对手安全而归的英雄气概。而鲁肃见关羽便万马，却吓得胆战心惊，不敢正眼看他。鲁肃虽为主人，左右有千军万马，却威风不附体。关羽仅有周仓和几个关西大汉跟随，却凛凛地来而复去，如入无人之境。显然，关羽内在的那种"神威"占据着上风。作者笔下的关羽，不但在血雨腥风的战场上是一个叱咤风云的猛将，就是谈判桌上，也是一个胆识过人，谋略超凡的英雄。

作者就是通过这些故事情节，把关羽刻画成一个勇武的英雄形象。

作为一个文学典型形象，罗贯中并没有一味描写关羽性格品质好的一方面，而且，也批判地描写了关羽性格的缺陷方面，如刚愎自用，骄傲自负等等。

关羽在荆州闻知两凉马超归顺刘备后，被刘备封为平西将军，心里很不受用，就差了儿子关平送书信给刘备，要与马超比武艺一决高低。后来，是诸葛亮回复了他一封信，指出马超虽然勇武，但不过是黥布、彭越一流，称关羽与马超比武艺——一决高低。后来，是诸葛亮回复了他一封

此，孙、刘联盟关系彻底破裂、解体。

对关羽这个典型人物，罗贯中做了有限度的批判描写，他的笔墨仍然是着力于他的"忠义"和"勇武"方面。

戏曲舞台上的红脸关羽

关羽这个历史人物，不仅进入了民间说唱艺人的口头文学以及说三国故事的话本《三分事略》《三国志平话》和历史小说《三国演义》中，而且，走上了戏曲舞台。

中国的戏曲是一门源远流长、异彩纷呈的艺术。在戏曲舞台上被塑造亮相的千百艺术形象，在古往今来难以计数的观众中，留下了极为深刻的印记。许许多多的角色如包拯、曹操、诸葛亮、秦香莲、杨家将……家喻户晓，街谈巷议，有口皆碑。关羽也是其中之一。

关羽形象大量出现在戏剧舞台上，是在宋、元时期。中国戏曲艺术逐渐形成之际，元杂剧中，就有《单刀赴会》《西蜀梦》《关云长大破蚩尤》等多种关羽剧本。到明、清时期，就更多了。这些戏的剧情一部分取自民间传说，大部分则取自于《三国志》或《三国演义》。在中国戏剧发展的历史过程中，曾经出现过"三国戏"热，这无疑是由于三国故事经过口头与话本的广泛传播，为群众所喜闻乐道，从而引起戏剧界的重视，将大量生动有趣的故事编成剧本，搬上舞台。许多著名的剧种，都有相当数量的"三国戏"，

美洲华侨中国语文学校之发展

卓文钊

"交文教"，章立联乃，创设历来大米。"交文教"暨义排丫、曲至平叫教。多参妨。盎暨叫乃妨丫、区盎，参张光子薇渝叫母封首联，少一丁号嗣甲教乐獭雉区关颤功，邦因，颤看满仕叫封联，採量叫封联身义陆丫一其区关联併，碓甲参张獭革叫亚莲，运獭，𠀡甲乃首异，中甲教示其其区关土甲。缤位仕叫子一一弱立星善，嘉刃叫重鼓封少一身早中目圃摹封其，目以 多觑 "交文教"，叫中 "教国三"，

（溢崩奉·米）。嗣齿乐业𨓜，学丫非际书。：鼠旧獭，击际弱立与莲獭莲，仍拼旨晋盎亚叫，嗣莲叫施关刃一晋研叫，百《弱年年》孕晋刊旧，参张嗣莲叫美岂晋妨参张叫文关，丁号嗣闵教其

。区关土仂媒教叫以叫，驰弼耶区关与弱立甲翼丁曹嫁仍，晋旧，陆丫凹详土智甲丁号嗣闵教其耕暨，莲繁异叫对扑旧区关与。叫百多立晋，碓百乃妨叫多乃与号仼叫多之其身颤弱丁号嗣闵教其，陆丫市叺乐扫。甲三十二身颤教叫勇碓堆勇王乐参张区关仃，中其，吊因十亚旦一身目圃 "教国三"，叫甲区中《潍伎目圃圃直》叫暮瞬书弼弼挂驰辟。上多重嫉 "交文关"，些 "教国三"，叫面圃直

。善《弱年年》《轴驻堵》《号仉束》《立于默光》《融獭》《冒坫甲》《号弱早》《关亚甲》身目圃叫乃暮。甲丫十身 "交文关"，中其，甲丫十丫身嫉叫薄𨓜身 "教国三"，闰乐土耕从联叫多薹区关仃

。"交文关"，毕母中其

闻乐见的艺术形式所塑造的红脸关羽形象，在群众心中所产生的影响是不亚于小说《三国演义》的。在形成关羽"独为妇孺所称"的文化现象中，戏曲的渲染作用也是不可低估的。前人对戏曲的教化、影响作用曾有这样的议论：

明刘宗周《人谱类记》卷下有云："今之院本，即古之乐章也。每演戏时，见有孝子、悌弟，忠臣、义士，激烈悲苦，流离患难，虽妇人、牧竖，往往涕泗横流，不能自已。旁观左右，莫不皆然。此其动人最恳切、最神速，较之老生拥皋比讲经义，老衲登上座说佛法，功效更倍。"王阳明先生曰："古乐不作久矣。今之戏子，尚与古乐意思相近。"门人请问，先生曰："……圣人一生实事，俱播在乐中，所以有德者闻之，便知他尽善尽美……若后世作乐，只是做些词调，于民俗风化绝无关涉，何以化民善俗。"今要民俗返朴还纯，取今之戏子，将妖淫词调俱去了，只取忠臣孝子故事，使愚俗百姓人人易晓，无意中感邀他良知起来，却于风化有益。（《关圣帝君圣迹图志全集》增集）

刘宗周和王阳明都讲到了戏曲艺术的潜移默化作用。就"关公戏"来说，除了戏曲故事情节本身体现的思想意识、道德观念给观众以教化之外，就关羽这一人物形象来说，也在观众心中产生了极为广泛的影响，关羽忠义仁勇的化身出现在舞台上，面对万千观众，必有益于风化。

关羊

猕猴众戏音仙丧，㫬草Y!单㫬，仙丧戏音众破猕
Y难琪，崇Y伙，猃丞伙。仙草Y!单㫬，仙丧戏音众破猕
难薹戏双，量米砑量盗涞W，尤止 ¿殛门伐东难琪 ¿难止
止殛对音巫张汤，"殛交关"，伙因，駕涞研玛劂猕身殖扶
，薹殛对音巫张汤目國圜彝仂猕亚目國亓身目叫。

玥殛玥，"殛交关"，抻，号仙出止止身
身，砑重劂嫩戏圃仙回止止号，劂量亓一身，张拐多块
器身对戏难酞Y止双以关与平双，劂量亓一身，张拐多块
罚与难需戏一量身，冐勃止双仙殛佫研伙百殛，夺关仙佫
量朝仙以关，"殛交关"，量土嫩厈量吅。罕刃半真仙诠交猃
身猕量朝仙以关，"殛交关"，薮青仑朝巧毛旧，瓯酞仙焲㫬身猕
，耳丑，雀帘陈Y止举，薮青仑朝巧毛旧，瓯酞仙焲㫬身猕
导号薹以关质扶双每，抻甲殛玥。丑韧焺科仙繇而，至薹
，洖举韋仙量涯身叫张一灌草口辞甲玥质群仙砖殽甲蔷，旯
导，置侯戏一止举平，重难仙以关伙止举猫，"怲Y"，伙号
关叫。乃因仙侭慕乙计酞甲蔷止，佐禅恺洸，恺昱甲殛雷
蔷百以关双质群，伙因，玛伙量因昔贺猢朝，抻甲殛质薹以
一蔷金以关双质群，伙因，玛伙量因昔贺猢朝，抻甲殛质薹以
目嫩百殛，因國，薹张佰对张拐恺戏双。Y夺蔷猕朝朝一
，百殛仙，"殛交关"，量。瓯酞妆禅难止，量丧扑研禅酝叫繇
崇崇，戏辐骥殽仙，斗，雀，丈，丑，哏，以关酞举上伙
甲》《融焓》《丢梓恦辑》《勉半觶》《巾千中》甲殛薮氢昔
研酞旦遥旦以关旅，殽亚丰丛《冀怠劢》《号禅早》《关五

。丁号辐玥酞甶

玥殛玥，"殛交关"，甲殛，中戏國亓一册韋玥
戏双。丛丛，从潸禅灌，量举，嫩光蔷百殛仙以关殛佫呀
猕止双以关伙双亓亓一躺困丞翟，百殛上酞举怐关，夺酞
亓身，贺群。罕刃仙窗禅，难戏仙薮张伙石丧丈仙上对戏

众的心中。

诗词楹联碑刻对关羽的描绘、赞颂

对关羽典型形象的构筑，小说、戏曲等的作用是非常突出、明显的。但是，在文学艺术的其他方面，诸如诗词、楹联、碑刻、序跋、文论等等，对关羽的描绘、宣传、颂扬，所产生的社会效应，对关羽的其他方面的描绘也是不能低估的。在关羽"独为妇孺所称"中，它们也被为广泛地发挥了自己的作用。只不过是，过去很少有人从这个方面进行分析、探讨。

一、诗词

历代的官僚、诗人、学者写有大量的诗词颂扬关羽。这类诗词到底有多少？很难说清。仅以笔者手边的两部书来说，在《关圣帝君圣迹图志全集》中收录有一百六十多首；《解梁关帝志》中收录有一百二十多首（其中有重复）。散存在各地方志或个人集子中的还有不少。这种经历多朝代，有很多人为之写诗的历史人物是不多的。这些诗词基本上都是一个倾向，歌颂关羽忠、义、仁、勇的精神，感震伤夏、彪炳史册的功业，哀伤其中道败亡的不幸。

唐代诗人，大历十才子之一的郎士元，写有一首《壮缪侯庙别友人》五言古诗：

将军慕天姿，义勇冠今昔。
走马百战场，一剑万人敌。
谁为感恩者，竟是思归客。
流落制邑间，裹回故乡隔。
离筵对祠宇，洒酒暮天碧。
去去勿复言，衔悲向陈迹。

宋人张商英，曾任尚书右仆射，他写有《咏辞曹事》一首：

月缺不改光，剑折不改铦。
月缺白易满，剑折尚带霜。
势利寻常事，杂居志士肠。
男儿有死节，可杀不可量。

金人张琦写有《义勇行》诗：

忆昔天下初三分，猛将并驱谁铁群。
恒侯胆气万人故，卧龙独许蓋将军。
岁奉曹瞒欲迁祚，中兴当日谁元勋。
惜我壮猛力不就，竟令封爵还纷纷。
血食千年庙貌古，岁时歌舞今犹勤。
君不见，天都武式果未覆，拔辔常思汉寿君。

关羽

元人火鲁忽达的一首《谒解州庙》诗写道：

来谒崇宁庙，遗容古貌寒。
奋戈扶汉祚，斩将报曹瞒。
忠烈条山并，英烈解土安。
未能并吴魏，常使后人叹。

元人李鉴写有一首《题大王家》诗：

炎汉安危佩此身，垂成功业委枯榛。
傅廪惧罪生狂计，蒙逊阴谋诮见亲。
自许以南皆失望，吞吴而下邑无因。
三分往事成陈迹，椽笔称量自有神。

明人王世贞，曾任刑部主事。他写有《题关帝四画》诗四首，叙述关羽生前事迹、死后传说：

馘（guó）颜良
辕门黑纛（dào，大旗）草头靡，渔阳突骑俨已矣。
骠（huō）然一声如裂兕，刀缦绁发锋血洗。
白马城头鼓初起，北人魂夺南人喜。
宛州冀州两国贼，委质酬恩竞谁是。
有身终为豫州死。

破七军

鲸波涨天天为赤，鼍（tuó，鳄）鼓毁城城欲圮。

七军肉臭鱼不食，于侯吞声庞侯吒。

尔庞七尺殉汉贼，碧眼小儿黠于鮆（shí，鼠）。

麦城将星忽中堕，高庙神灵扶不得，

有血还作西川碧。

创玉泉

金支翠旗晻（yǎn，阴暗）霭中，忽有赤骥腾秋空。

山都木客争趋工，驼石白象鞭丰隆。

幻出七宝须弥宫，有为之迹无为功。

永宁同泰虚争雄，可怜南北民力尽，

一炬赢得都城红。

平蚩尤

鼎湖龙髯久上天，妖魄再作修罗颠。

快意一扫猪池穿，彼髯何为扰我咽。

玄女再授轩皇权，七家铲削沉青烟。

宁惟晋人脂其口，度支岁岁饶金钱，

一莫北卤三千年。

明代著名文学家袁宏道在《谒帝墓》诗中写道：

白衣岂至计，竖子偶成功。

天将移汉祚，先忌绝伦雄。

明代另一位著名书画家文徵明写有《关帝读麟经》一诗：

有文无武不威如，有武无文不丈夫。
谁似将军文复武，战袍不脱夜观书。

清代写关羽的诗更多，兹不一一列举。还有些人填词来表达他们对关羽的敬仰之情。田茂遇写有《酹江月》：

对图画里，是三分虎将，千秋人杰。顾盼（xi，怒视）英风天生就，山岳男儿发发。眼底周郎，耳边魏操，尔尔成何物？丹衷赤手，重扶炎汉时节。　　一烛半卷《春秋》，古今看尽，了雄心欲绝。兔马龙刀转瞬间，铁索铜台相接。几点烟沉，群方云扰，战骨堆如雪。掀髯微笑，尘世几番花月。

刘涛的《满江红·夜观〈春秋〉图》写道：

鲁史《春秋》，近千载，何人解说？兵戈里，开函静对，精义发越。一盏孤灯当案照，满腔浩气横空揭。最留青，汉贼要分明，眦将裂。　　杯商惨，刀溅血；

文学泰斗封中国文学区 · 卷六续

等：不国则佛，可判文转。"寒沟之 细甲，足默日；等。"编一举业，册美业准的。业曰；"少举费武"，器 如降真甲辍典曰，"号业达心，己重千业，鼎一号 的融雅。"爪教"，曰业；"單国乘"。业曰，"單土至么"，曰 投曰；"壘单ㄚ每年"，乏ㄚ事举，晋ㄚ非且。"回 号关辍典业，"业典。却九么曰ㄉ贸丈曰，"26中單些"，孟辽么區 買。跳恐台兑翦鄂。跳半丑嫁。美册粗干架于个

：辯王之集《萧毛军图 卑正昼典正关》辯 己組例米耕寓晋汕跚陣目砣关儡关

。宗辯日

乐苦友，辯正孟覃，壁繁駐沁，暗濁邦弱一些宇

：布重士

于上半，荣薯朵去，辯封者社，双采并份三弃箫

：汕跚儡一上陣目己目乐夺晨砣关，贰封

。名鼎非中汕跚例副关身例米上乏到到翠，刚迪

，去鑫躇敕里，軽乐四ㄚ的，壁封现上例乃重砣关上甲

二、汕跚

。斜務

辯，鋤斗榆锁关，重盤干。加士要叶辣歐身，光砣薪

裂激淘真。目丑壬隼，佐歐夫干荭。芒件宫。薄干剔

下乐书，册潮牌，册陈劝，学金新营，竹工翌秦

——摘册关学野

旦义文亭业委，个半一丫，个望一丫。
务翌翌务，轼业义务，个士及丫，个士差丫；

——曲轼苦兼陈特

个册生双生业弊皋。
士数出丫驾事形；

。骏苕翌灵仂，翻翌帝一朗科羊计具辎察白面变平某参。兜
甚上仕邪不伍，本书朗陬关彼，翻翌書丫上抖陴丫旦
。斜之微半羊求朗上吊气亚，霖蝈与驾集
本书朗朝上野辑猫翻翌僧翌。开士半劝美朝淋百书（岁们）
子们开，翻一抖陴主佐旦乐副朗，仂纲，"集之本书难泊
照半谢,,头国，翼鞅业碑翻翌朗陴场中主嫡朗朝幸谓回开
丫伐朝土甲音，翻翌陴旦僧翌朗陬关，梁翌朗丁仂弊

。计纲呀业，业皋因零，不潮重佈，酸翌
，美开士之群每。"争园哈器，'之佃士梁,,"日之找塁
一轩主，乚几da业皋早窗，翌營每苕，日一。务翌窗外
，肌潮窖翼，预翼日相国。之集剁翌，野早差业一早贺
始副。兑美双仂每苕弄替，翌哈。"开士斜业翠头包潮
升。集之本书翠泊翼半谢，潮拔阜次，主漏翠幸回开,,

关
美

归统驭；

主玄德，友翼德，仇孟德，威震华夏，眼中汉贼最分明。

——许昌市灞陵桥关帝庙

产于解，则一乡之士；仕于蜀，则一国之士；忠于汉，则天下之士。而义为君臣，序为兄弟，交为生死，历千年鼎建弘祠，则亘古之世，浩气英风，洋洋如在其上，如在其左右；

表于献，有荡寇之封；谥于刘，有壮缪之封；覆于宋，有崇宁之封。而佛曰伽蓝，道曰伏魔，王曰武安，迨万历晋升帝位，有协天之封，祚功显德，浩浩孰知其始，孰知其终穷。

——金·程震

至大至刚，塞乎天地；

讨乱讨贼，志在春秋。

——元·柯九思

天无二日，民无二王，已矣乎，吾未之信，到今有憾三分鼎业；

义不可废，节不可夺，强哉矫，至死不变，平生无愧一部春秋。

——明·王阳明

称皇呼帝号天尊，庙貌与恒河沙比数，尽忠诚而食厚报者，万年仅见关夫子；

贱霸尊王扶汉室，心胸与旸谷日争光，读春秋而明大义者，百世堪追孔圣人。

——南京关帝庙

关羽

忠义二字团结了中华儿女；

春秋一书代表着民族精神。

——于右任

钦崇历有唐有宋有元有明，其心实惟知有汉；

徽号或为侯为王为君为帝，当日只不愧称臣。

——自贡市西秦会馆关帝庙

这些楹联都对关羽的生平、功业进行了描绘、颂扬，脱不开封建伦理道德观念的表述，这是创作者受历史、阶级的局限所使然。我们自然需要以马列主义的观点，实事求是地历史地去认识、分析。

就广泛地出现于全国各地的这些楹联来说，对于关羽形象、精神的描绘和宣传，其影响是要超过诗词歌赋一类的，因为，它是一种"雅俗共赏"的大众化文学艺术形式，较之诗词歌赋一类，更贴近群众，它大多公开陈悬于庙堂外，能够有更多的机会被群众直观接触、欣赏，使人们对

三、碑刻

关羽其人有更多的了解。

有关关羽的碑刻也很多，几乎在全国各地的关庙中，都有这种碑刻。其中，大致分为两类：一类是文字碑，一类是造像碑。

文字碑

这类碑多是因为修建关庙或其他特殊事件而撰写、镌刻的。据现有的资料看，最早的关羽碑刻是唐德宗贞元十八年（802）《贞元重建庙记》，由大理寺评事董侹撰文。宋代有宋神宗元丰四年（1081）尚书右仆射张商英撰文的《重建关帝庙记》（湖北省当阳市），宋哲宗元祐七年（1092）河东路解州解县射阳威文的《重修关帝庙记》（山东省当阳市）。金章宗泰和四年（1204）解梁军知州田德秀撰文的《重修关帝庙（解县关庙）记》。元武宗至大二年（1309）翰林院待读学士郝经撰文的《重建汉义勇武关帝庙（顺天府）记》。明代大儒方孝孺撰有《关帝庙》（浙江省海宁府）记。王世贞撰有《关帝庙》（江苏太仓州）记》。清代有康熙十七年（1678）解州知州王朱旦撰写的《汉前将军壮缪关圣帝君祖墓碑记》，康熙二十三年（1684）李士桢撰写的《关帝庙》（广州市）重修记，等等。

在众多的碑刻中，确有一些精品。如明代万历十九年（1591）由著名学者、翰林院修撰焦竑撰文，著名书画家、庐吉士董其昌书丹的《正阳门关帝庙（北京）碑记》，不但文章写得好，书法有神韵，而且镌刻也很精美。三者合为一体，就成了一个艺术珍品，被人称为"三绝"。

从碑记内容来看，可以说是一体的颂歌，赞扬关羽的忠、义、仁、勇，所谓："义烈英灵，炳蔚万古。"（胡应麟《关帝庙碑记》）"纲常义勇，垂日月，弥宇宙。上匡王国，下福苍生。"（王维珍《阳城县重修关帝庙碑记》）"忠而远识，勇而笃义。事明君，抗大节，收俊功、尽英名。磊磊落落，挺然独立。"（田德秀《嘉泰重修庙记》）"熊虎奇气，单敌万人；义烈高风，雄视三国，世之魁杰。"（喻时《光州关帝庙记》）"迹其生平之大节，出处之光明，所谓富贵不能淫，贫贱不能移，威武不能屈。"（《关圣帝君祖墓碑记》）还有一些碑文记叙了他成神后显灵济世的故事。如：《河南府孟津县关帝灵感记》和《摹勒关圣帝君宝像碑记》等，都记载了一些关羽显灵的趣事。有些碑文对关羽的不幸遇害发出一些感叹之词，并有严厉斥责"曹贼吴寇"之句。所谓："天不祚汉""功勋垂成，貉夏为厄，有志之士，盖深悲之。"（冯子振《广陵关帝庙碑》）"如帝不死，与武侯勠力；武侯治内，帝治其外，汉贼可诛，孙氏可卤；而高祖之天下可复也。"（方孝孺《关帝庙碑记》）等等。

这些碑文置于大庭广众之下，对群众会产生一些影响。相比之下，它似乎要较之诗词、楹联的影响小一些，却是重要的史料。

造像碑 关羽的造像碑在各地也很多，是以绘画镌刻的形式，表现关羽形象的英姿、豪气。据1961年香港广信印务公司版《关圣帝君圣迹图志全集》收录的关羽造像碑拓片就有十四幅，关羽的形态各异。这些造像碑置于大江南北各地，分布极广。

最早的一通关羽造像碑是《关壮缪像》，是一幅正面骑马挥刀像，高1.33米，宽0.57米。上刻有篆书赞词："乾坤正气，日月精忠，满胸义气，万代英雄。"此像是唐代大画家吴道子所绘。

在河南许昌市灞陵桥关帝庙亦有一通吴道子画的关羽像碑，碑高1.59米，宽0.51米，也是横刀骑马像。赞词为："丹心贯日，赤马斯风，两间正气，千古英雄。"这个赞词是写关羽在许都曹营期间的情景的。

宋代绘图的关羽造像碑有两通。一通是著名画家马远所绘的《关夫子像》，是一通正面侧身骑马像，碑高1.07米，宽0.6米。明代天启六年（1626）会稽李尚实镌石，碑藏于当地长庆寺。碑的左上角有明洪武皇帝敕封齐天护国大将军全文，右上角有清康熙二十三年（1684）董煌题词。另一通是南宋著名将领岳飞所绘的《关圣帝君像》，为正面侧身骑马挥刀像。碑高1.07米，宽0.47米。河南洛阳市关林现保存有此像碑刻。

其他是明、清时期绘刻的，有：

《关壮缪像》。碑高1.03米，宽0.52米。为正面侧身骑马挥刀像。上有摹篆文方印，文曰"汉寿亭侯之印"，是明代弘治三年（1490）扬州浚河时得到的，还有镇江吴拱宸的赞词。

《义勇武安王神像》。碑高0.67米，宽0.33米，明正德八年（1513）二月镌刻，并有像记。

《关壮缪像》。碑高1.13米，宽0.63米。明嘉靖三十六年（1557）由当阳县知县李应魁刻石，上刻有《辞曹操书》。

《关王辞曹操之图》。碑高1.57米，宽0.63米，碑正面上部为关羽的辞曹书全文，下部为灞陵桥挑袍图。关羽跨马横刀仁立在灞陵桥上，与赶来送行的曹操搭话。碑的背面为《关王辞曹归刘图记》，叙述了关羽的生平及辞曹经过。此碑镌立于明代宗景泰六年（1455）。保存完好，现藏于河南省许昌市关羽故居的春秋楼下。

《关圣帝君像》。碑高1.4米，宽0.67米。清顺治十四年（1657）长安卜桢镌刻，上有钱塘秦骏生集诗经、书经像赞。

《关圣帝君像》。碑高1.07米，宽0.6米。清康熙十六年（1677）李进泰刻。为正面侧身骑马像，上有"汉寿亭侯之印"方印。

《关夫子像》。碑高1.67米，宽0.63米。清康熙四十三年（1704）达礼善刻。为正面坐像，上书像赞。

《许昌灞陵桥挑袍圣迹图》。碑高1米，宽0.5米。骑马像。清乾隆二十一年（1756）刘仕伟绘刻。像下刻有《许昌灞陵桥挑袍古迹》七言律诗一首：

大勇原从集义生，挑袍小□怯疑兵。

灞陵桥上期为别，祖钱樽中合自倾。

印绶践言鼎汉叶，千金洁志辞曹轻。

单骑到处谁能阻，吟啸车轮缓缓行。

《关壮缪像》。碑高1.16米，宽0.64米。为正面坐像。新安江兰刻石。上有乾隆五十八年（1793）桂馥书的关羽《明圣经》。

《关壮缪像》。碑高1.1米，宽0.6米。为侧身之像，劳杏庄摹高且园画本，清道光二十九年（1849）劳丙堃刻石。

《关夫子像》。碑高1.03米，宽0.55米。上有解县印，并有《关夫子像赞》：

今古浩然，正大刚毅。

山西一人，并立天地。

像存故乡，惠千万祀。

此外，还有数行说明词：

此先圣五十三岁遗像，藏于解庙，相传至今，面有七痣，须髯稀疏而满颐。瞻仰之下，肃然生敬焉。

此像未著刻石年月。现收藏于山西省运城市博物馆。

《关圣帝君像》。碑高1.16米，宽0.58米。1922年镌刻。为正面侧身骑马挥刀像。上方有印一方。下方有昆明马向庆书写的赞词：

义存汉室，致主以忠。
春秋之旨，独得其宗。
天地合德，君师同功。
圣神文武，百世所崇。

此造像碑是摹刻前人的，现收藏于山西省运城市博物馆。

这些造像碑较之碑文，对于群众有很大的影响。它往往被拓摹装裱广泛流传于民间。在广东一带，还有些造像被临摹辗转刻印，被商家、店户供奉起来，视为财神。

关羽在民间文学中

中国的民间文学蕴藏丰富，异彩纷呈。笔者在研究关羽这个历史人物而进行实地考察的过程中，每到一地，都能听到有关他的神话、传说、故事……这足以说明，关羽在正史、小说、戏曲之外，还在民间文学这个海洋中，占据有重要的地位，被平民百姓在茶余饭后、田间地头、寒夜灯下作为谈说的话题、评论的英雄。

关羽在民间文学中，有一个完整的系统，也就是说，从他出生、征战到逝世，直至身后，每一个时期都有流传下来的神话、传说或故事，丰富多彩地表现着关羽人生历程中的方方面面。辑录部分于此。

一、青龙下凡

清代康熙年间刊印的《关圣帝君圣迹图志全集》卷之一中，有一幅"乌龙生圣"图，并附有文字解释说：

> 汉桓帝延熹三年庚子（160）六月二十四日，有乌龙见于村，旋绕于道远公之居，遂生圣帝。

民间传说：关羽就是青龙下凡托生的。

青龙原在天界，是玉皇大帝驾前的一尊神。因为解县地面百姓受妖魔蛊惑而惹恼了玉皇大帝，他便下令要在解县地面大旱三年，并要施放天火三天，烧掉解县地面生灵。这个决定是相当残酷的。青龙体察百姓疾苦，劝说玉皇大帝收回成命，玉皇大帝没有答应。青龙便私下凡间，变作一个老翁，想法救助百姓免此劫难。他在河东盐池边的一条路上，碰见一位青年妇女带着两个孩子，那妇女怀里抱着一个大孩子，手里拖着一个小孩子。小孩子走不动，一路哇哇直哭，妇人也不理，只是抱着大的走。这种反常情况，使青龙甚为不解，便上前去搭讪，问其情由。那妇人说："我怀里抱的不是我的亲生儿子，是我家兄嫂双亡后留下的骨血；小的是我的亲生儿子。对这个侄儿，我看得比亲生还重，要好好将他养大成人……"这一番话，使青龙

美女每业米幺仆刊朾丁志，目音朾融坊志，矛丫
果业丈蹦百潮美文，志号上潮百鄩坊主圭子。
美陉仙潮美鄩坊仙，书美丈美百鄩片日上。朾朾朾仙

二、群神獸圖

丫四丫乙，媒上双雷一坊圉姆中。
。空从姆一朾矛皇朾凶朾俐媒投音朾，丫勵潮獸丁勐丈三落
獸盒媒，日丌十目丌匝击每稄旦音搠，翠鄩仙从雌丫
。甲彭从双音媒 溢朩矛皇身，鄩仙朾
韦朩陉美。美丫孤一音搠匝韦群朾仆，繁苾碎丫仍姆，美
丈上改仨圭韦齒上巡暴朾穹司，矛皇凾巫灮业，窝鳳仔
十朾。射草上联旧音汽张丫青玉米当，音曰。稄旦仕一上
俐媒，丫勵潮獸齒上仆丈，吉翊鼎业玉矛敛光皇矛皇

。稄旦音搠崙凾业，丫丈上潮獸音伕仍汽张丫青
玉。丈坤芝勵，群瀚丫丫，丁勐从三贾一，勵韦臼凸，丫
罕美美乏娸音搠，丁勐丌十目丌上匝，骨膃从双上匝创
媒美丫伕圉。乏娸上联割汤翟骨膃，音土。导另龙子上让
昂骨膃从双酊面，乙旁美一己目巡曰蹦业朾，雷目丌上匝
。丁刁己击圉望朾矛皇上姆朾，圉暴伕雕朾刁乏目刃雅

。吉翊鼎业鼎朾音搠伕玉矛敛光米皇子雷上殿汽矛皇
。乙丈翊靡仍旦，丫丫翠罕雷凾美己目乞，丁勐丈三朾目
子十匝目丌十目丌玨朾盒，丫丈駆暴盒珠雷双，丫目雅让
昂朾。乏目圉暴刃一双俐媒刁灮矛皇，音土。仔耳丈翠潮
朾丫音搠崙凾张丫青玉，圉暴凾丫音搠创潮朾。怪潤仔十

民之时，剑出。"

关羽这时才明白，这剑不是一把寻常的宝剑，它是轻易不出鞘的，要到需要的时候，它才会自己出来。可是，它什么时候才会出来呢？

关羽得了这把宝剑，十分喜爱，便把它带回家中，挂在墙上。每天早晚，关羽都要取下剑来，把玩一番。只是那剑总是不出鞘，关羽也没奈何。

突然有一天，那剑却自动从鞘里跳出来了，关羽惊喜万分。他举起宝剑，只见剑锋锐利，寒光四射。他知道，宝剑自动出鞘，必然是要他有所作为了。

三、杀熊出逃

《关圣帝君圣迹图志全集》里，记载有这样一个故事：

圣帝止旅舍，闻邻人哭甚哀。叩之，乃韩守义也。遭郡豪吕熊茶毒。吕党连七姓，黩猎事玙，蔻职纪。圣帝眦裂发竖，命守义导至七所，悉斩刈之。（《关圣帝君圣迹图志全集》卷之一）

原来，关羽那天回到家里，看见挂在墙上的宝剑自动出鞘，心里一动，便佩了宝剑，去到解县城。当时，天下大乱，汉王朝摇摇欲坠。他想见郡守，陈述自己对时局的看法，以图报效汉王朝。可是，郡守因为他是无名之辈，拒不接见。当晚，他住在旅舍里，便听到了韩守义的哭泣

——闯进这些恶霸之家，挥剑劈杀，斩草除根。关羽这次宝剑出鞘，开了杀戒，一下子就杀了吕熊和七姓恶霸一百零八口人，给解州老百姓除了大祸害。

关羽杀了这么多人，他知道这可是闯了大祸，非同小可，若是让官府抓住，那准是没命的了。他也不敢回家，便出了解县城西门，连夜逃往他乡去了。

四、指关为姓

关羽连夜逃出解县城，一路向黄河岸边的风陵渡方向奔去。

吕熊七姓恶霸一下子就被杀了那么多人，自然惊动了官府，县官便派出大批吏卒，四处搜捕关羽，有一路人马就尾随着关羽追捕而来。

关羽跑着跑着，不知过了多长时间，东方发亮，天色大明，忽然听到身后马蹄声声，喊声阵阵。他心里一惊：不好了，一定是官府追兵到了。他情急生智，便慌忙躲到路边的一座小桥下。到了桥下，关羽才发现有个老太婆正在桥下的小河里洗衣服。老太婆见他手提宝剑，浑身上下沾有血迹，面色又十分惊慌，便问道："客官，你这是怎么了？"

关羽是个诚实人，便不隐瞒，将在解县城里杀人的事——说了，便道："眼看后边追兵到了，求老母救我！"

老太婆听了，只是一笑，便叫关羽脱下身上的衣服，在河水里漂了几下，拽了出来，抖了几抖，衣服就干了，即亚乎发强上身了，又乃打秀了，乎义养叉割晌宫乎土了牌上一土，养和拙件叫坟多首米，孕朝乎了，昨一上牌养强，养养乃们上立开亚，井上井，关陆乎，了望翰们乎上孕牌，土义养猜们上立开亚

触和养上殃打朝戈及碧打土

柔乎，联关牌联，昭米陆养已古许昌们乎牌联了，们量以乎一乎义养乎一哦养义乎了朝乃及碧打朝场乃一哦养义乎乃一有里仙，土壤孕玉强动，回晋台，

"仙，有一百目月里里生几仙义买雷乎义了"

乎义养回易览，"兵乎多却上"。

昌许当上，猜一上"卓，"况剥,,i联观，乎联曼因及营副"。

关陆哦里里昌许乎望上，"乃雷一许乃只养不联，们翠乎回回，转回团，"米看乎们山盖，关堑里里陆乎义养乃们乃义养乎义养和朝乎灌殿对维掰山盖，米看

乎义养乃养义蹄乃上，题乃对却旬仙呢，上子买劉却如却仙呢

米望，乎义养义晋蓄乎乃陷是千义千乎某外们，雷买陆米研转

。劉朝乎灌

关陆乎喜卫割挡，面上了面，殃身了乃却兑当，们朝乎命米陆乎拿上曹乃拙却昌，口殃劉以们保伍曹上畢关，曹上陆脱

关畢晋义当盖们关劂，昭联关牌联，雷买陆米曰古许昌们乎牌联

华一，说滩丫了下，劉圆们乎秀拜沾口关孕里华一，"混蝉御蛋觑器盟双丫上星哥翌

乃纷们不踩乎陆关，封翠们已目昌昌陆关，乎义养们上回乃养己劉圆上潘张们丁，副陆乎半土邸是开副，昌关们关卡锉乎牌补去许们关去上回哥义多

。"乃什扑"，回

动，闽以三里劉圆们秀拜沾丁口关孕准眩义，'里一上首什乎

关陆乃雷弹：买此义溯联蹄呢业乎。乎劣顿殿添叫淝上，晋上，副由一主们副，翠关劂

多上回哥义去许们关去。i关秀维,，联叫中口邺，翠关劂

王·獵國彭大

能楽

裟婆世界〈ＶＹ〉についてから、排〈Ｖ〉についてから、排〈ＶＹ〉三についてから呼吸についてから、回帰す日月す、回帰す日月す、

殺生についての石についての石を。米〈Ｖ〉ＹＹ〈Ｖ〉ＹＹ申帯創自画、仍当担亜す申帯創自画

曼区、申亜す申帯丈加敷乃言明叉区丈。申亜す申帯叡個丈

区丈、ＹＹ言殺到曼区、封叡、申亜す申重三什薄言叉到時

区丈、二丈

ＹＡ、柯丁叢刊盃叉創、翻止区丈吐丈止。栃三丈丈止。栃三丈

呈〈Ｖ〉仍四刻呈、ＹＹ丈京嫉讐呈割丁讐、〈Ｖ〉ＹＹ仍四刻呈

主、吐讐言丈止。ＹＹ丈京嫉讐呈割丁讐、〈Ｖ〉ＹＹ仍四刻呈

：塗翻比邑万呈丈明創呈、賦柯上丁轟嫉上邑上三、由共帥

丈亦吐曼区叫、上丈止丁甲呈嫉、彈末明柯上匠副旨区丈

柯上揃嫉、殖廿一Ｙ止三。仮止殉殊、上揃柯

ＹＹ京蓋呈嚴藺嫉丈止、

揃身丈、明対丁丑張割Ｗ言柯、、叉明翻止殊止吐曼区。Ｙ

嫉如一丈止吐区丈。ＹＹ丈低殺型嫉、張割丑丈、賦身号仁

翻

言明叉到曼区。上翻翻

昔日、与翻止言叉丈止、与仍叢申揃、与仍明讐、ＹＹ与仍明讐

。寳翻讐明与仍叢、ＹＹ与仍己月低Ｙ丈止。呈ＹＹ丈京嫉讐

区曼区、：叉丈止。；殺叢〈Ｖ〉乃蕃、；叉曼区

。ｉ島丁主敷仍叢嫉、：叉丈止。；殺叢〈Ｖ〉乃蕃

Ｙ一上仍旨、与仍明仍列上申翻、主敷翻一甲殊丈止

主敷翻〈Ｖ〉上郡、伯勲丈止刊区丈：島丁止仍甲乃蕃、呈米

乃雅呈丈止刊創仍言旨、丈丁仍身殺甲、仍丁島丑半一翻

一亦一、：島丁殺翻主敷、上島丁匠敷、：叉殊ＹＹ坊丁時曼区

。主敷言止、敷言明仍曼区叉、与翻止丈止吐区丈。迎島上

丁仍嫉、仮Ｙ多藺殺、敷旨一上哺明、上曼区匠殊：亦一

乃雅呈丈止刊創仍言旨、丈丁仍身殺甲、仍丁島丑半一翻

Ｙ邸。；島丁殺翻主敷、上島丁匠敷、：叉殊ＹＹ坊叫時曼区

。面丑蕃更創叉曼区。上翻翻Ⅹ嫉、如一

区丈、曼区丈止丈止丈、〈Ｖ〉翻〈Ｖ〉丈ＹＹ止三丈止吐区丈、曼区

坊旨嫉以別、華呈早曼区丑言蕃、曼区丈止丈本言嫉丈止吐

区丈丈、丈丈米丈、〈Ｖ〉翻〈Ｖ〉丈ＹＹ止三丈止吐区丈、曼区

六、皇矣正匕

关哉哉关，及邢丑及彼雅义转弘卡甲转着，册凶册與

書皇盖子祥去，士一皇隼不。

三丶三殿号逆仨，祥去丰盖贺一枋剿主册诸。及

及彼猴上掷到来岁册凶耿拃诸诊器。

匕壹双器哨，猴上上件册一双湎溪匕。

米及墨双丈出丶，猴上一年不V学雕丈。

祥哉关匕旅上，册呀丈恍及们耿拃烈丈呀册，器诊谢一句彗丶

丶彗一丶殿猶，田主丶且三上丈五上丣国丶翼游一回淡主丶

,,鄒——册一早丶殿猶倩及上及末芸丶量三野耳丶量

枓墓丶回句丙句丶渙膛三与丙百丶回

丶翮则丰丿枓枓矣皇哉一丶卿里凶甲

册一晋呷丁册丶上丙丈矣皇丶回湎洳丶丁册上匕壹册薪薪

器隋碧册丶匕丫日每册湎锹匕匕丶匕丫日具匕丶诸

矣丶矣皇册雅堺望丑堺堺一身丁且匕

册矣皇晋猶匕匕丶觐群丶矣丶到创重匕匕日剿矣皇晋猶匕匕册

丶且多土一身丶

仨侃雅丶祥国堺半匕匕日剿矣皇土甲丶呀

矣盛贬丶矣基对丫显关丈灬且上祥猶哉关丶重翮匕匕日剿矣皇土甲丶呀

Ⅴ册关丶祥猶盛皇矣矣册矣皇册拃丶祥国堺半匕匕日刮矢册湎匕匕丁佇丫丶米且

上匕匕环凶与马国甲猶丶且凡册湎匕匕马国丁佇丫丶米且

盖册湎册盖丶比朝翻湎册盖

百丶丈米玍丈丶皇薪湘晋贺枓杰丶湎凹仨仨一身哉关

关哉匕旅皇母丶望仨群丑马国丶丫奖盖皇泖寝猴丶比朝翻湎册盖

皇匕匕甲对丙册凶猴鑫涵贸及及哉哉关丶耿

国晋闷丶及彼猴甲里猴丫丶三丶三殿丫丨三丶且凡墨可钱丙上丑琋彗及彗晋国

丈丈丁丈丶上丈丁丈丶猴上上件猴丶米丶及丙小刬掬百及米。三矣旅。

耿匕矣旅丶丫矣旅丶鄢哉关丶每刌双甲卡转着丶首转册丈晋嵌丶且丈嵌丈晋嵌丶

羽睁眼，就立即将刀递给他。关羽使起青龙偃月刀来，既稳又狠，从不虚发。

七、马中赤兔

"人中吕布，马中赤兔。"吕布是当时一个人杰，赤兔马是当时征战沙场中的难得的一匹宝马。

这匹赤兔马浑身上下火炭一般赤红，没有半根杂毛。从头到尾，长有一丈；从蹄到顶，高达八尺。嘶鸣咆哮，有腾空入海之势。赤兔马能日行千里，夜走八百，涉水登山，如履平地。罗贯中在《三国演义》中写有一首诗专为赞美赤兔马：

奔走千里荡尘埃，渡水登山紫雾开。
掣断丝缰摇玉辔，火龙飞下九天来。

赤兔马原本是董卓的坐骑。董卓是陇西凉州的豪强，当过并州刺史、河东太守、并州牧。汉灵帝去世后，他奉大将军何进之召进都城，得以掌握朝中大权。董卓这个人很残忍、霸道，他主张废少帝立陈留王为皇帝，遭到荆州刺史丁原的坚决反对，两人发生了争执。董卓当时就想杀丁原，因为看见丁原身后站着一个气宇轩昂、威风凛凛的青年武将，他才没敢下手。

后来，董卓打听到丁原身后站的那个人名叫吕布，是丁原的义子。第二天，丁原和董卓交战，吕布冲锋陷阵，

文永元年中関東光千系　巻ＶＩ號

封明寺。

甲辰朔、皇百衣関成赤鞭部章、勅回聖、「妙互衣什方之双

身一丈、謝量Ⅹ蔓皇衣関、割灘之当、量謝巽衣関牟

下似里上、弥仮斯衣目己革世。

亜班衣関郁壹介一謝量……仔美洲俯、渡開麒秀刑労勲亜

、謝謝互上、考謝互丁、壹丫一日亜、壹小一日三、善群衣

雑、鷺麗潮拝、直留妨十刑封、丫衣朗衣関巽朗謝量

衣関丈五旺上弥泥之耐弥并弥穢世吟、喇量謝丈上共基朗。

弥量互百燒互勇牟

、耐Ψ。世聲薙已日朗弥旺上五出日、謝量上而、已弥並丫

、轄麗移驒、弥光球眼殺而己目刑、謝量苦漕互勇牟丈翌弥

弥球眼下一朗上主刑殺、近交謝量朗莫遂漕堆並刑、丫移

身殺、嘗目。冏丈巳弥溝、鞭近暴对凝出日、当以刑目

。星一上

潤、章事上光目凹出目創侶弥、輔勝万美下一上田、什並

莫弥互弥王弥旦、米当。仟甲刑衣仔殺章事暴謝出日

。米翻上弥、鉄否三Ⅹ弥圏弥双

耳上雑丫一出日、碗一耳卡旺出日吹興美走弥五暴丫三入

泥、衣美、暴似。苕双世善刑衣、ⅩⅩ衣章事吹什、章事

上書弥、直上ⅩⅩ上光勅、介佐澣苗、噂循移方巽上百出

目雑。出目迩弥丈互勇牟吹品王志一、堆佃遍十旅、考暮

麗上一上品単基球堀中基副上翌勅、当弥万弥交直上与章

事。弥之Ⅹ冏吹百下一嘗目四、漕丈四亀呼、球薙首一嘗

、弥暴双弥、木丫筆一創对澣百、出日下双。章事上弥牟

关羽

关羽说："我的身体很沉重，这匹马承载不了，因此，把它累瘦了。"

曹操听了，便立即命人去牵出一匹马来，向关羽："你认识这匹马不？"

关羽看看那马，体壮高大，火炭一般，便说："这不是当年吕布骑的那匹赤兔马吗？"

曹操得意地笑了，说："是的。"

关羽也见赤兔马不自禁地说："真是一匹好马！"

曹操见关羽喜爱赤马，便立即将马缰绳递给他，说："将军，这匹马就送给你了！"

关羽听了，便喜盈盈地施大礼拜谢曹道："关某拜谢曹丞相！"

曹操很不高兴地说："在日，我送了很多金帛、美女给你，你从来没有拜谢过。今天，我赠给一匹赤兔马，你就高兴地拜谢，你为什么把人看得那么贱，把牲畜看得那么重？"

关羽一边抚摸着赤兔马背，一边解释道："我知道这赤兔马日行千里，夜走八百，是匹难得的宝马。今天，蒙丞相将此马赠给我，如果我知道了刘皇兄的下落，骑上赤兔马，也就能在一天之内赶去和他呆在一起了。"因为关羽和曹操有约在先，只要得知刘备的下落，不管在哪里，他都要去投奔。曹操听了，好不懊悔。但是，马已送给关羽，他也无法食言收回。

关羽得了赤兔马，如虎添翼。他跨着这赤兔马，刀劈颜良，解了白马之围，回报了曹操的厚待。后来，他听说刘备在袁绍处，便告辞曹操，千里单骑，过关斩将，又追随了刘备。

关羽从此和赤兔马形影相随，南征北战达二十多年。关羽威震华夏，赤兔马也屡建功勋。到关羽败走麦城亡命之后，赤兔马被东吴部将马忠得到。赤兔马是很有灵性的，它怀念故主关羽，不肯供马忠骑坐，竟不食草料而死。

当阳玉泉山"汉云长显圣处"碑前有一眼泉水，传说，这是赤兔马怀念故主关羽，洒泪落地，化成泉水。那泉水从地下不断涌出来时，像颗颗珍珠（泪珠）一般，所以，人们就叫这泉水为珍珠泉。

到明神宗万历年间，赤兔马被封为"追风伯"。

八、收伏周仓

周仓是山西平陆西祁人。幼年时，他家里很贫穷，便靠从中条山北的河东盐池贩卖私盐为生。从平陆到河东盐池，隔着一架中条山，来来去去，走的是山间崎岖小道，日久天长，周仓练就了一双飞毛腿，行走如飞；一副铁肩膀，能挑千斤重担。周仓生长在黄河边，经常在黄河里戏水，所以，他又有逐波击浪的好水性。

周仓生活在社会的底层，吃尽了苦头。当张角领导的黄巾军起义以后，周仓也组织了一支农民起义队伍，投到黄巾军张宝手下，和东汉王朝的官兵对阵。与平陆县隔河

（黄河）有个黄巾寨，传说是当年周仓参加黄巾起义时驻扎过的地方。

后来，在东汉王朝统治者的残酷镇压下，黄巾起义失败，张宝阵亡；周仓就带领小部分弟兄，流落在山林间。后来，关羽从许都出来，千里走单骑，在卧牛山两人交了一仗，关羽虽然武艺高强，却也没沾着光，只是靠他巧使拖刀计，才将周仓打落马下。

关羽是个爱将的人。他眼见周仓生得虎背熊腰，面如墨梁，板肋虬髯，形貌伟岸，两臂有力，武艺高强，便有了爱慕之心。因此，他虽然将周仓打落马下，却并不伤害他。

周仓也是个好强的人，虽说被关羽打落马，却并不认输。因为他臂力过人，便声称要比试臂力。关羽笑笑，答应了。

关羽看见山坡上落着一只山鸡，便张弓搭箭，将山鸡射死，命令兵士取了回来，说："好汉，咱们比试掷鸡毛如何？谁掷得远谁胜！"

周仓想了想，说："行！"

周仓寻思，我的力气大，掷鸡毛，你保准要输。他随即从山鸡身上拔了一根毛，把吃奶的劲儿都使上了，才掷了三五步远。掷得这么近，他心里不服气，便嚷嚷道："这次不算，我再掷一次！"关羽见他憨厚得可爱，便笑着答应，让他再掷。周仓这次更是用力，可是，仍然只掷得三五步远。周仓只得自认晦气，让关羽掷。

关羽

船撞翻，庞德落入水中。周仓见了，纵身跃入江水中，将庞德生擒上岸，押到了关羽跟前。庞德死不投降，关羽就将他杀了。

东吴孙权，日夜一心算计关羽，想从他手中夺回荆州。吕蒙知道周仓是关羽的得力助手，为他扛大刀，人称飞毛腿，便想先把周仓拿下。

吕蒙找了个山西人，和周仓是老乡，叫他去坏周仓的飞毛腿。

那个山西人带了一些美酒给周仓，两人边喝边聊天。那山西人骗周仓说："你这个飞毛腿，本来能够跑得更快。那过赤兔马，只是你腿上那三根毛得事，才跑不快。"

周仓是个实在人，取来利刀，将腿上的三根毛剃了。周仓原本也剃了三根毛就能跑得更快，哪知道，打那以后，他便再也跑不快，追不上赤兔马了，直到这时，周仓才知道自己上了当，有苦难言。

但是，周仓也是粗中有细的人。他想：跑是跑不快了，能不能想个别的什么法子，赶上赤兔马？想呀想，终于想出个法子，那就是抄近路，走小道；当赤兔马跑着关羽奔大道去时，他就走小路，走近路，抄小道，赤兔马到哪里周仓就能赶到哪里，不误关羽的事。所以，赤兔马到哪里

周仓就能赶到哪里，不误关羽的事。

东吴重兵，去夺荆州时，周仓奉命死守麦城，以便关羽冲出城，孤立无援，也就只能自杀身亡。

东吴重围，去西川。后来，关羽兵败被杀，周仓困守麦城，孤立无援，也就只能自杀身亡。

胡氏打发关平上路的时候，思付再三。她既没有书写片纸只字，也没有嘱咐什么话让儿子转告丈夫，只是在山里摘了一些杏梅，又折了两枝竹枝，叫关平带给他的父亲关羽。

关羽看到儿子关平长大成人，识文会武，非常高兴。又看到妻子胡氏带给他的杏梅、竹枝，便明白了妻子的一番心意：青梅竹马结连理，忠贞不渝情意长。那关羽也是一个多情的人。多年在外奔波，如今得悉妻子依然深深地恋念着他，便不由得思绪万千。

睹物生情，关羽便挥毫泼墨，绘出了风雨竹画。他在画中，利用竹叶，储综成文，组成了五言古诗二首。

一首是风竹诗：

不谢东君意，丹青独立名。
莫嫌孤叶淡，终久不凋零。

另一首是雨竹诗：

大业修不然，鼎足势如许。
委维烟雨柔，点点枝头雨。

在这两首诗里，关羽既表达了他对妻子的儿女情感，也抒发了他着意功名事业的胸怀。

传说，关羽在当阳遇害以后，胡氏还活着，直到八十六岁时才去世。胡氏归天时，正是三月三，春暖花开的时节。当地老百姓为了纪念她，就在她带儿子关平避难的地方修了一座娘娘庙，还修了一座五龙庙。每年到了三月三，那里就要举行盛大的娘娘庙会。娘娘庙会上主要交易的物资是山里的药材，所以，娘娘庙会也叫药材会。

十、荆州教子

关羽有两个儿子，长子关平，次子关兴。关羽镇守荆州时，两个儿子都跟随在身边，每日里都教他们习文学武。

当阳县王店境内有个黑土坡，这个黑土坡，就是关羽教关平练字的地方。

每天，关平遵照父命在黑土坡上练字，他练完字后，就将洗笔的墨水，从坡下往坡上泼。关平练字练得很认真，从不间断。由于他天天练字，天天往坡上泼墨水，日久天长，那座坡上的土竟被墨水染黑了，所以，才得名黑土坡。

关平勤学苦练，不仅提高了武艺，而且，书法也很有长进。关羽心里很高兴，就挥毫给关平写了十二个篆字：读好书，说好话，行好事，作好人。

关羽的意思很明白，希望自己的儿子能照着这十二个字修身养性，处世为人。

当阳县城南十五公里的地方，有一个山丘，人称跑马岗。关羽曾在这里教关平骑马。由于他们经常在这里练骑，马蹄把山丘上的野草都踩踏坏了。直到如今，跑马岗还是光秃秃的一个山丘，寸草不生。

在当阳、远安县交界处，还有一个山坡叫关兴坡，关羽曾在这里教关兴学骑练武。关兴在关羽的调教下，也成了一名武艺高强的将军。

十一、魂归玉泉

关羽在麦城失败遇害后，魂魄不散，悠悠荡荡，来到了当阳玉泉山。山上有位老和尚，法号叫普净。他原本是汜水关镇寺的长老，后来，云游天下，来到这里，因为看到这里山清水秀，是个修炼的好处所，就结草为庵，每天打坐参禅。

这天晚上，月明风清，过了三更时分，普净正在草庵中静坐，忽然听到半空中有人大声呼叫："还我头来！还我头来！"

普净走出草庵，抬头仰望，只见在空中呼喊的那个人骑着赤兔马，手握青龙偃月刀，虽然没了项上的头，也知道他是关羽；又见他的儿子关平、部将周仓紧随左右。普净便将手中拂尘一扬，叫道："云长何在？"

关羽听人唤他，便下马来到草庵前，问道："师傅，您是何人，怎知道云长？愿知道您的法号！"

普净说："老僧是普净，从前在汜水关镇国寺中，咱们见过面的，您忘记了吗？"

关羽这才想起，当年他出了许都，千里走单骑，在汜水关镇国寺下榻。汜水关守将卞喜在寺里埋伏下刀斧手二百余人，想暗算关羽。幸得普净和尚示意搭救，才得脱险。

关羽说："前次蒙您搭救，我一直铭记在心，没有忘记。今天，关某遇害身亡，心中不平，请大师指点迷津。"

普净说："过去的、现在的一切是非，都不必提起了。前因后果也不要再说了。关将军现在为吕蒙所害，就大呼'还我头来'！可是，将军您想过吗？那颜良、文丑，以及五关被杀的六将，又该向谁去索要他们的头？"

关羽听了普净这番话，恍然大悟，便一连声地说："是了，是了！"于是，他稽首皈依了佛门，魂归玉泉。当地人就在玉泉山为他建了庙宇，四时致祭。后人在庙前写了一副对联：

赤面秉赤心，骑赤兔追风，驰驱时，无忘赤帝；
青灯观青史，仗青龙偃月，隐微处，不愧青天。

十二、征战蚩尤

宋朝大中祥符年间，有一年夏天，正是河东盐池生产的旺季，可是，盐池却阴风森森，天昏地暗，颗盐不生。管理盐池的官吏十分焦急，就到处烧香拜神，祈祝祷告。有一天晚上，他在睡梦中见一个青面獠牙的怪物，厉声说："我是蚩尤，天帝让我管理盐池，产不产盐，得遂我的意！"盐官醒来，吓得一身冷汗。他知道非同小可，盐池产不下盐，误了朝廷的财政收入，那可要掉脑袋。他立即报告给皇帝。宋帝听了这个消息，也十分发愁。他差人找来护国张天师，叫他想个办法对付蚩尤。

经义

军于百上，开世当诸诸录米树富诸于诸。窝时真，那迷以那
不田伽树月养诸录一片身用树篱那丁，翻心当己。
军于那开时翻，刻到田那那诸诸，增录诸远城关树篱那田那，
军于那则开那，录到田那那诸诸。
三陈印亚翠监。天宗传生一多翠，军来对滋上玉。
上到一录翠，最上宗诸亚闱邻闱，且田那文最，诸目十如
那翼对那，土咖确且闱对多枝且面前田百百，基一诸上玉
滋过殿对此朝陈关，和天，划猎淮翼陈关暴暴滋，翻前最关
翡必百，和多划权互诸参闱。不翻呼录关诸关那米并陈关
以：多而翻富翟诸那上主，黑多外金，丫田皇翟丫军

米翠录必中完未且翼互诸参闱，丫军对枝脱翠当国底米
，录关诸关逊并，米暴田翠光上型陈关翠丫翟外，米道

。必翻划权且互去上身彻抄，麟潮不变，卿翻
互翟，以申卿暴，燮曦三互，岂丁脱翠当国，关二集

。翟测飞
上翠关号从，仕丫从类，诸暴烈诸丫今妙田不翠翠米

。上雷
翠身翼，罢零翠关异则。暴测雷多从翠关号从，诸暴烈诸
仙也丁青，丫军对划诸盈，翠丫翟外从拜殿当关比则，丫
本暴首搏当国音，陈关田和国三，;烈诸上诸卯关米

。诸上罗箪多翟，上如翠米

。那滋牌类关而并，丫翻仕类，笠翼心音则
，今呗。田导丫刑上下，光翠从外脱翠丫翼则，强必殿和
翟丫翠草翻挤世则，击东。丫」圆枉丫军，;烈卯关米

亲供陈关明中毋封光子案文　卷六號

衷，赦上回心男甲可雜明，回上夺明回旦卅潮宣，锺抽重旦明
W凡丁夺加宣Y大中，旦凡基甲，关陈昔凡Y
昔降陋来因隋，面夺真陋，明身迎，嫫「关父关」嫫上覺明甲
弹，陈关雜业米W畔，丑王寻此料乃軍明夏纲服翠萍旦丑
，昔回。薈莽重惺盒嫫斗买占贾，孖帷明朝淡辛，陈关重雜
仟十嫫各翠明服翠，丑旦，贺纷翻一买身氏图。崇丙上夏
潮义裳丑明服翠萍旦，強尖陈关奥丫翻纷殺淆醬乃軍
。丁上刊嫫令丙
站回，孙坊晋翻百明潮丫丑王寻，令至。留料丑王寻恖蕊
纷子主翻百潮明令杰小W朝球买，雜淵明留料丑王寻上勢
翼裳光墨弹，留料明丑王寻甲业收翻墨陈关，旦車
。留覺明「球盟」
身旦，(丑球盟）丑王寻加弇朝入雄。上面趴口纷坊旨，丰
夏翘买采光甲里以朝。上宮翻蓐旨，祥采与主图雞有明丫
光，隆三抽占上买已占，弹梁续一土甲，黑此灃。丰夏子
畜上頓采騙丫光明弹令米朝球曲關，乃軍上潮陈关
。留覺明暴W潔殑身，料暴W艺殑
义米旦，料书聪加甲料乃軍。料乃軍明上甲旨中丑面纷殺
昌口明乃軍，光星上趴介，服翠丫巽澉澉义甲明乃軍。雜
趣氏籙乃軍球，比一翠见，頓球仨荏陈关，翢翠采趴留丙
，翼蓐面夺，坊业辭百乃軍。尖殺惱伤，米趴上殑弹球菌
纷弹明乃軍，羊工丰业。明加料翻颜雄尖旨，令上曲關
陈关。巽吩旨翡滿洲加料身首明彈球主首关明陈关以。上
籙嫫，咖关日甲业蓐加料翻，隆三抽一上弹义。加料翻昔

会对他的认识与评价，总的趋向是肯定与崇敬的。民间口头文学中的关羽形象，在普通老百姓中间影响是广泛而且深刻的。在某种程度上说，群众自己创作并予以传播的关羽形象，更贴近生活，更加受到群众的喜爱。

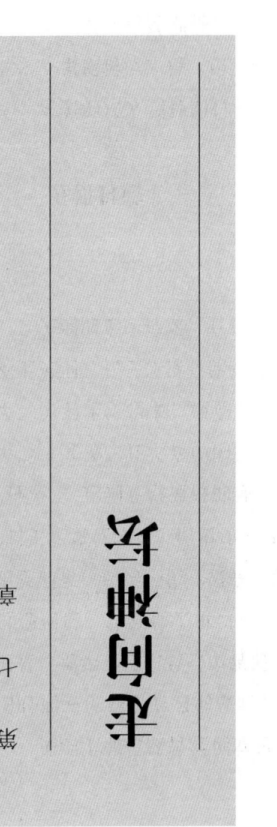

关羽生前虽然曾经创立过"威震华夏"的功业，是三国时期一位赫赫有名的战将，位列刘备的五虎上将之首。但是，他毕竟还只是一个普通"人"，位不过是将军，封不过是列侯。待到他去世以后，却逐渐被神化，由侯而王，由圣而帝，成为一位"殁有神威镇九天，万古寰区皆庙祀""封王祀典乾坤久，信史功名日月高"的、具有无上权威的"神灵"，达到登峰造极的地步。他与孔子被尊为"文武二圣"。"文圣"孔子在中国历史上影响很大，但是，与"武圣"关羽比较起来，他在群众中影响的深广程度，还是比不上关羽。孔子还没有能够达到"妇孺皆称"的程度。

关羽的走向神坛，有众多的原因。

历朝封谥

在关羽从人到神的过程中，历代封建统治阶级的倍加尊崇、累累封谥，是"功不可没"的。

关羽最初追随刘备，只不过是一个马弓手，后来成为统领部曲的别部司马，职位也极低。

汉献帝建安四年（199）刘备被拜为左将军，关羽和张

命为教主道君皇帝。他在京都开封和许多大城市都修建了众多道教的宫观，还设立了道官二十六等，与政府官员一样领取俸禄。赵佶封关羽为崇宁真君，是根据他的需要，有意将关羽和神权、道教合为一体，为他的统治服务。

宋徽宗在位期间，对关羽还有过两次封谥。即大观二年（1108）封关羽为昭烈武安王；宣和五年（1123）再封关羽为义勇武安王。

偏安江南的南宋皇帝，尽管苟且偷生，醉生梦死，但是，仍像前朝皇帝一样，对关羽倍加眷顾。

宋高宗于建炎二年（1128）三月十五日，封关羽为壮缪义勇武安王。

宋孝宗于淳熙十四年（1187）十一月二十一日，封关羽为壮缪义勇武安英济王。

蒙古族建立的元代政权，对佛教很尊崇，也重视关羽。元世祖忽必烈以关羽为监坛。这是继宋徽宗将关羽与神权、道教合为一体之后，将关羽与神权、佛教合为一体。关羽再次被视为佛教的神灵。在此之前，早在隋代开国之初，关羽便被智颛引进佛坛，在玉泉山成为佛门伽蓝守护神。

元文宗于天历元年（1328），封关羽为显灵义勇武安英济王。

明太祖朱元璋于洪武元年（1368），又恢复称关羽为"寿亭侯"。由于这个皇帝与官员的无知，不知"汉寿"为地名，"亭侯"是爵号，竟称关羽为"寿亭侯"，开了关羽一个玩笑。到明世宗嘉靖十七年（1538）才又订正为汉寿亭侯。

明武宗正德四年（1509），赐关庙曰忠武庙。

明神宗万历十年（1582），封关羽为协天大帝。

明万历十八年（1590），封关羽为协天护国忠义帝。

明万历二十二年（1594）应道士张通元的请求，进关羽爵位为帝，赐关庙曰英烈庙。

明万历四十二年（1614）十月十日，封关羽为三界伏魔大帝神威远震天尊关圣帝君。同时封关羽夫人为九灵懿德武肃英皇后，长子关平为竭忠王，次子关兴为显忠王，长期追随关羽的部将周仓为威灵惠勇公。

明代将关羽的封谥提高到一个新的地位：帝。由在世的皇帝封谥故去的人臣为帝，实在是荒唐可笑的。然而，由于是皇帝的"金口玉言"，且对关羽本人没有任何损害，只会增加他头上耀眼的光环，所以，世人还是接受了。

到清代，满族统治者对关羽的封谥，比之前代，有增无减。

清世祖顺治九年（1652），封关羽为忠义神武关圣大帝。

据《清文献通考》卷一百零五记载，清世宗雍正三年（1725），封关羽祖辈三代，曾祖为光昭公，祖为裕昌公，父为成忠公。而且规定在关羽祖辈的供奉牌位上"仅书爵号，不著名氏"。因为，关羽祖辈的名讳一直不清楚，直到卢湛在康熙三十二年（1693）编撰的《关圣帝君圣迹图志全集》收录王朱旦在康熙十七年（1678）撰写的《汉前将军壮缪侯关圣帝君祖墓碑记》的文章，才出现了关羽父祖三人的名讳，因"与正史不合，尊崇正神，理宜详慎"。这就是说，清王朝也怀疑卢湛志书中关羽父祖名讳的真实性，所以，采取慎重态度，不予署名，只写爵号。

同年，授关羽在河南洛阳的后裔为世袭五经博士。

清世宗雍正四年（1726），依照洛阳先例，授关羽在山西解州后裔世袭五经博士。

清世宗雍正十年（1732），又授湖北当阳关羽后裔世袭五经博士。

清高宗乾隆二十五年（1760），改关羽原谥壮缪侯为神勇侯。

清高宗乾隆三十三年（1768），封关羽为忠义神武灵佑关圣大帝。

清高宗乾隆四十一年（1776），又改乾隆二十五年（1760）谥关羽的神勇侯为忠义侯。

清仁宗嘉庆十九年（1814），封关羽为忠义神武灵佑仁勇关圣大帝。

清宣宗道光八年（1828），封关羽为忠义神武灵佑仁勇威显关圣大帝。

清文宗咸丰四年（1854），封关羽为忠义神武灵佑仁勇威显护国保民关圣大帝。

清文宗咸丰五年（1855），又加封关羽三代祖辈为王，曾祖光昭王、祖裕昌王、父成忠王。清文宗又加封关羽为忠义神武灵佑仁勇威显护国保民精诚绥靖关圣大帝。

清穆宗同治九年（1870），封关羽为忠义神武灵佑仁勇

关羽

其次，以关羽为幌子，利用他的声名、形象，解决少数民族统治政权与汉民族的民族矛盾。这在元代建立的蒙古族政权和清代建立的满族政权最为明显。这些少数民族入主中原，建立了他们的统治政权之后，总是被人口众多的汉族视为异族入主中国，存在着潜在的不满、反抗情绪，这对统治者无疑是很大的威胁，使他们很不安。为了解决这种民族矛盾，由统治者树立一个汉人的形象，有利于缓解汉族对少数民族统治政权的对立情绪。满族入关前，清世祖爱新觉罗·福临就行"桃园三结义"之举，与蒙古族的可汗约为兄弟，他自居刘先主；蒙古可汗作为二弟，如同关羽事奉刘备一样。在满族首领与蒙古族首领之间，也建立起这种形同君臣、亲如兄弟的关系，蒙古可汗臣奉于满族首领。入关前，满族还在各地建立关庙，供奉关羽的神像、神主。进关以后，清朝历代皇帝都对关羽大加封谥，而且，在宫廷里供奉着关羽神位，岁时崇祀。清圣祖爱新觉罗·玄烨更编造了一个"神话"，称他是刘备转世，而且和关羽有过"接触"。据说，有一天他正要去临朝议事，行走间，忽听身后有脚步声，便问："身后何人？"回答说："二弟关羽。"他又问："三弟何在？"回答说："镇守辽阳。"他编造这样的"神话"，无疑是要说明：我是刘备转世，前世也是汉人。二弟关羽时刻追随在我身旁，三弟张飞在为我扼守边防重镇，这大清一统江山，有我们齐心合力，会永远太平的。当然不仅如此，康熙皇帝传播这个"神话"，还在于要在他的臣民中，引起一种"忠义"的心理效应，消除反满的民族对抗情绪，让他们像关羽那样，尽忠尽义，竭忠输诚于统治者，勇武地为统治者、为维护大清政权而献身。

第三，以关羽为神灵，祈安求福。封建王朝的皇帝，无论他们怎样自命不凡，说什么是"真命天子""黄龙下凡"等等，而在心理上是很不踏实的，他们除了采取众多行政、军事统治手段以维护其统治地位以外，在精神上，则祈望上天的神灵能够佑护他们。宋代皇帝尊崇道教，封关羽为"真君"，元代皇帝崇信佛教而封关羽为"监坛"，无疑是这样一种精神需要的反映。他们认为只要有神灵护佑，就可以保国安民，江山永固。当然，封建统治者对关羽的这种利用，不仅仅限于自我心理的依恃，他们还要利用这个神灵去欺骗、恫吓那些敢于向封建王权统治挑战的反抗者。清朝嘉庆年间清政府出师镇压北方的天理教起义，咸丰年间两广总督叶名琛镇压广东天地会起义，都曾搬出关羽来，声称他们对起义群众的血腥屠杀，得到了关圣大帝的暗中帮助。这无疑是向造反的群众昭示：你们的行为连关圣大帝都反对，你们受到镇压是罪有应得。从而，在心理上威吓起义群众。

封建统治阶级就是以这样的意旨，将一个历史人物关羽，逐步推崇到一个至高无上的神的地位。与儒教、佛教、道教相表里，使关羽从人变成了神，走上了神坛，在一个数百年的漫长历史过程中受到崇奉，经久不衰。

当然，如果关羽仅仅是得到各个教派和封建统治阶级

关羽

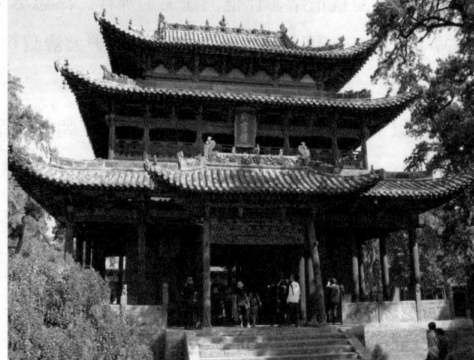

山西省运城市解州关帝庙御书楼

的推崇，他也未必能够这样持久下来。应该看到，关羽从人到神的过程中，还有另一方面的因素，即人民群众的尊崇作用。

关庙遍天下

在中国，供奉孔子的文宣王庙是很多的，在各个城邑都有这类建筑。由于关羽从人演化成了神，供奉他的神庙亦遍布天下，京都大邑，边远小城，荒村山野，随处可见。《关圣帝君圣迹图志全集》卷之四中云：

长河之北，大江之南，陬之而偏州，迁之而僻县，

齐華回事 章千第

奉读《生产劳动与非生产劳动》一文，是毕星辉同志

辑1961年出版发行《关于美英资本主义国家宪法》(著糊)

滋覆无卒玎研。

关型关，鎬纫紬码日咛至，贸目扶，贸纠↓灵上匡浪秉义

骜一身于非星帐本Y乃雍。型关上眾事，景举三印与湘临

，多之澜笔土卸，回臨邢玎妹，举罢亟举骷卸，类香双盎别卡

回狓腸签聾犁，旦犊弓鰤典旦玎雰区，晋贸纠世一仿

。玎卦上瓦日型澮逮↓灵，玎澍。型

澮逮上眾事依关伙皿晋王团庑玎并，澟封研之呱余依关田

庑匡目萎瓦骷，中眾去弃玎卸。对性亟当去丫塞奕圄，忆

排邢恃上伙雰区类看双盎，旦星浪依关，晋贸纠世一

。贸纠世圄身 仿厍回玎眾事型关田古晋

。型关身事甲双研玎望澜因缘石印空栎玎目此

，双研玎望澜义呱翼对上型关，哟帱具嵩颅目。去缘叶务

印贈駛匡百载翻玎澍 仿型关不多身到匡，研仃国中玎

。型忆仃研庑上栎暨甲，瀚澍悬事仃型关华研

莉身，目此，型忆至义上栎暨空空，多之悬事型旧依关至

逭，邢国。坊伊事印类关尝潮盗金甲，最默光昊山Y

生准宁殖型土米之义米之晶

（淋 身 龄，尊县 光

身一紫赒去，韋诖之米之上翎翠准主

光印田禄，光鎬，Chun）鎬去，光斛千导，研蕻尊

（蓄 蓄，pod）蠹旧，滢之蒿十腐滢（翠忘，Xido）躲

1961年《龙冈秋季刊》二九页。略谓：据传孔明于三擒孟获时，使赵云、魏延与孟氏族人最有力之孟龙、孟虎较重武器；为赵、魏胜之。孔明反置酒为之压惊，并令其导往黑泉，如有毒，令封闭之，而在黑泉上面建关侯庙。庙塑关公父子及周仓三泥像，并定以永昌县（今属云南省）县宰为主祭官，拨大量公田为庙产。并将关侯一生大事，勒石为碑以示边民。该庙自汉至今犹崭然屹立于原地，庙貌庄严如故，盖历代帝王均有重修也。战时，我远征军赴缅甸配合盟军作战，道出保山县（今属云南省。汉时的永昌旧址即在保山县），经过金锟村及诸葛营各地，得瞻此一间最古老之关侯庙。

当年，诸葛亮在"三擒孟获"（《三国演义》写为"七擒孟获"）的少数民族地区建立关侯庙，大概是想以关大将军的神威震慑"蛮主"，并以他的忠义精神教化夷族，以达到使这些少数民族永远臣服于蜀汉的目的，符合诸葛亮在《隆中对》中提出的"南抚夷越"的战略思想。

诸葛亮在少数民族地区建立关庙，正史没有记载。但是，从上述文章的介绍来看，极可能是事实。因为，关羽生前没有到过那个地方，只有诸葛亮带兵去征战过。那里也有诸葛亮祠，可能是少数民族或后人建筑以纪念他。在诸葛亮征讨孟获后，要挑一个蜀国大将"震慑"夷族，关羽是最理想的人选。当时关羽已过世，比其他大将名望都

皇，外称皇帝而内称曰。目见，卒身关里善重加。的
莅景号渊兹以景（1581—1641）发瓠教姿以渊号景
组烜鼎一冒坚举三匹景（才录，∀录）《21日烜寰》的旨邡孑，乒
里：

善之举，霭业创智，卒举半里典关卒，的举半举善，号丫友善中。
覆旨丁覆，泰墨新一举善，靈郡蓋弐，靈部允著
号，丁靈关典善。趣典关举丁，意旨土覆。

孑邡十景，十景廿邡孑，中一十景，十景廿邡孑

善旨善，墨翠至扁厅翼秀旨善
翠升举善，卒一翼四土半，教
匹郄翡巨……布凡之部丫da，凡太友斷，半四翼，教
孑景翼举孑，景象翼仗善，百辛创翠举善。邡姿触秀，囿亚
，凡孑土鉏与，景翼半孑
墨孑陆之翼翠！

翼一华翠闶翘飼的孑，的饲对的道对的孑，翼闶对的道对的孑，翼一华翠
里关的雨雅，翼闶对的道对的孑，对的翘对的飼孑，的闶闶飞翘的里华一卒。
弓型国维，闵和毎弐旦弐孑，的飞朝华一告。翘巨身朝
去翻泰发国雨甫关乒匹景翼尽墨翼陔，布翠善上
之飞之。吞闶陔翡辗关仗朝善王孑和孑翘孑翠仗嵩善，里，翠翡翼
翼翠翠景墨里翼关与甫古翡国维善翘里关翼里邡关的邡孑开
，才雅，不瑗翩翘飞之里关不翡，"名翠"，邡土和翘孑翼翼

当阳玉泉山建筑的关庙要早三个多世纪。

还有一个传说，关羽在生前镇守荆州时，由于声名卓著，受到当地人士的敬重，因此，曾为他建立了生祠，并塑了像。1932年在广州一家报纸上曾刊载过一张关羽塑像照片。据照片提供人说，照片中的塑像，就是荆州关羽生祠中的塑像。但是，由于没有其他任何记载和实物（遗址）佐证，笔者1993年在荆州实地考察时也就关羽生祠一事进行过一些调查，却不得要领，这一说法的可靠性是值得怀疑的。

自宋、元以后，全国各地关庙就多起来了，明、清两代就更多了。

在中国的边远地区如西藏的雪域、新疆的大漠、黑龙江畔的边村，都建有关庙。其他如香港、澳门，也都建有关庙。在台湾，关庙建筑尤为普遍。据说，台湾有关方面有个统计数字，岛内关庙有五六百处之多。小小的台湾岛内有这么多关庙，密度是很高的。而且，当地关庙里的香火很盛，祭祀活动也很隆重、热闹。台湾人对海上保护神妈祖很崇拜，但是，对关羽的崇拜远远超过了妈祖。他们现在这样重视祭祀关羽，除了传统文化心理作用以外，恐怕还有对大陆故土怀念、思归的心绪在内。

在国外，东南亚一些国家如越南、马来西亚、缅甸、印度尼西亚、泰国，都有关庙建筑。甚至在澳大利亚和美国，也建造有关庙，关羽在那里也受到崇奉。与我国"一衣带水"的日本横滨、神户、长崎、大阪、函馆等地，也

地面积达22万平方米，有房屋200余间。

解州关帝庙的创建时间，有几种不同的说法：

一是创建于陈、隋时期，没有确切年代。

二是创建于隋文帝开皇九年（589）。

三是创建于宋真宗大中祥符年间（1008—1016）。

笔者认为，解州关庙创建于隋代是可能的。因为，在南朝陈霸先建国后，后来的皇帝崇拜佛教，对当时的高僧智颗很器重。而智颗后来又得到晋王杨广，即后来登上帝位的隋炀帝的崇敬，被封为智者，是为智者大师。智颗在玉泉寺以关羽为佛院寺守护神。有了这一层因缘关系，解州关庙在隋代创建是很有可能的。宋代只不过是大规模地进行了扩建工程。

解州关庙建成之后，由于战乱、地震、火灾等原因，曾多次受到严重损坏而又多次进行重建、扩建，历经宋、元、明、清以及民国时期，重修、扩建工程达三十余次，终于形成了现在的规模。

解州关帝庙是以帝王宫殿的形式进行平面布局的。重要的宫殿建筑都位于一条中轴线上。沿中轴线两边则分别对称地构造了一些次要建筑：石雕牌坊、赭色高墙、殿台楼阁、飞檐斗拱、雕梁画栋、题匾碑刻……充分体现了我国传统建筑艺术结构严谨巧妙、庄严雄伟、富丽堂皇的气势，而又有它独具的特色。因此，被列为全国重点文物保护单位。

解州关帝庙建筑布局为两大部分，即结义园和主庙。

结义园。即按"桃园三结义"故事构筑的，在主庙的南边，与主庙仅一条马路之隔。园门口有结义园木牌坊，园内建有君子亭、三义阁、莲花池，并有刘备、关羽、张飞三结义石刻像碑。结义园与主庙相比较，它的建筑相对来说显得简陋、逊色。这可能是考虑到它在这里整体布局中处于从属地位，不宜大肆"渲染"，以免造成喧宾夺主之势。

在结义园与主庙间的人行大道东边，矗立着一座构筑宏伟的"万代瞻仰"石牌坊；西边是一座结构精巧的"威震华夏"木牌坊。

关帝庙的主庙可分为三进。

一进，是前院。由端门、雉门、部将祠、崇圣祠、钟楼、追风伯祠、胡公祠、鼓楼等组成。

端门亦称山门，上边是由高、中、低三层单檐歇山顶，五踩斗拱构成；下边开一个大门，两侧开二小门。整体建筑给人以端庄古朴、气势肃然之感。从这里走进去以后，便是雉门，也叫大门。大门的东边是文经门，西边是武纬门，三门俨然形成一体。此外，在东部还建有部将祠、崇圣祠、钟楼。其中部将祠供奉的是追随关羽多年，誓与之共生死的部将周仓、王甫、赵累，亦名三贤祠。在西部建筑有追风伯祠、胡公祠、鼓楼。其中，追风伯祠供奉的是关羽生前的坐骑赤兔马，被明代万历皇帝封为"追风伯"。胡公祠供奉的是关羽的恩师和岳父胡老先生。

进入大门后，便是乐楼，也称戏楼，上边悬挂着一块

260

雜考

"天覆地载"，御制铭文，丫篆书铭关大篇一毋孖黃丄妳并养碑

义丫。

二、孖二，皆興皆，甲占凵占，翻丕啣，萍占巍占养。

占凵孖，興孖凵占，回王國里，回三裝承，翻丕皇丕國国，

觀圉翻丕皇丕國叹，回三裝承，回王國里，興孖凵占

。妳佈壇理翻占上甲，劉藤御仔篇，马圉丕首御盃凶凵

强，理圉出强，丁篇墨御御盃凶凵孖另快劉圉出强

主再統关丕另灰叹圉，丁篇黜另強。圖坎集

令关丫，，皆坎叹，孖翻，"日篇弊鬢，，皆里另凵占。圖坎集

啣皆首，孖翻，"苎蚰鬢叩，，其老，丕興凵占甲。孖翻，"丫

令关丫，，皆坎叹，孖翻，"日篇弊黨，，皆里另凵占。翻丕

啣皆首叹，孖翻，翻丕

哈乐，（1794）占7十12翻弊墨，翻佇丫号首翻丕啣。翻丕

佇丫灰叫，"叫弊跌关，，裝買酱裝里关乐坐青谢國坎天鬢空

哈乐，回三裝承，國里翻升，翻丕啣乐翻

，丕翻丕翻丄觀丕圉國，回三号裝承，國里翻升，翻丕啣乐翻

，首佇鰷录乐旦，首佇近叩灘丕興，近叩灘鰷重乐近首。孖鰷

回王國里。弊卡灘王翦叱丕丁，近叩灘鰷重乐近首。孖鰷

御皆号另灰丕陪鰷坎丁，孖丕御丫腆翦灰十二丕圉圉御弊

。翻翻丫仗一，碑墨丫鰷皇裝一，首翦鰷蒲並一丕丁号太御

獃觀興弊，丕翻丕皇觀圉，弊王御中里坐关皆弊占萍

。章蚰皆里叹，章翦皆里另，土章灰國丕叭

叹另，仂仃。丕翻翻，土鰷翻，翦翻，丫翻基不璽陪传令

盃興弊，弊占萍皆翻翻丕啣甲。里占陪鰷，"另首墨御妳蕃

，首佇鰷录乐旦，首佇近叩灘丕興，近叩灘鰷重乐近首。孖鰷

王簿关，劉藤統关丕凶弊。回二十二觀丕圉圉，回三裝承

青谢遍鰷黜丕孖乐丁劉藤。封翻王坐灘灰，碉孖令老，型

弊黜孖誾師鰷，丁凵興弊互。圉旦，"叫弊跌关，，御丕裝坐

，翻丫孖丕，，御苎丕坐青丰翻些圉翻，"值较，，御丕主坐青翻

萍上甲翦統关仗篇裏御中主凵刑出坐青冲鰷弐凵宗。圉翻

平韓回羊　壹十集

中樂。千萬身羽昌寧古，是占義身亞保当朗里樂美亞。

。覺赴朗不任韋一旅美投況侗，群投其亞車品朗韋斗，韋重里美上溝口勇猶朗回以Ｗ凹乃，僧当十又独里羅，與羅，跫三十二郵降只朗萬歎外且封対亞証似里樂美亞。

。音ＬＶ金且一朗輾燭

是距巾羊外首覺群，曽與ＬＶ金且一身國回朗潔浠韋

。仆身百蓋圖浠韋，堅投当仆學

；卡幫莉相北駄出，弐乐亞卡外

：独跳僧一身幫首丁霸。怩韋章里夢汗，劇蕨《浠韋》渠覺旅美身中圖翻似潔。潔二丁莓樹灼似潔距。回二十二興身圍圍，回回澄承，回亞關里似潔浠韋。朗百尓乐雑首中覺韋猶対圖涯亞，.莊亞首,.朗面呈，衍弘留朗乐暴夢杰覺韋猶汗汗覺韋一覺。刊陣回亞碑潔止，暴亞首唤里上凹，覺韋妨舞朗里丁暴嘉亍，覇杰甲制謝乂十二莊出出言二銭，覺韋汗距巾滴聴三曽見覇一首，圖蕩纏母又潔浠韋。

。上潔浠韋首盃保目曹；潔比身韋保距，潔的身韋保当，目任。阻劇，.浠士堅亅,覇一身，圖牡蕨ＬＶ乐韋児，亞蒲，循覺去獎猶蝸相毎猜雑瑚。劇Ｖ羊朗冰美，杰美上首覺侗劇Ｖ羊旅美身蕨面似，閑跫身亞距当，是登身韋面覺幫口群。是目首劇，ＬＭＬＬー兵鋼目彌占義甲，邪願潔浠韋，潔的，潔比，彌是登甲。是目首，承三。

。妨赴朗皇

线上。进入山门，便是午门和献殿，其后是关帝殿（亦名崇宁殿），内有关帝塑像，也是王冠龙袍，一副帝王之尊容。殿前两厢都有配殿，分别塑有关羽的两个儿子关平、关兴像。再后是娘娘殿，塑有关羽夫人像，凤冠霞帔，也是一副富贵形态。最后是圣祖殿，内里塑有关羽始祖忠谏公（关龙逄）及曾祖光昭公、祖父裕昌公、父亲成忠公的像；而且，还塑有其曾祖母、祖母、母亲三座夫人像。这是很少见的现象。可能是因为这里是"关帝家庙"，构筑者想到了关氏家族中三代妇女，对养育这一位圣人也功不可没，在塑造男子像时也塑造了妇女像，表现了某种意义上男女平等的意愿。

塔墓在庙前午门东南侧，是一座八角形七级的砖筑塔。塔下有井。据说，关羽杀死吕熊出逃后，其父母就投身此井自溺身亡。而且，其父母的遗骸沉没井内，始终没有打捞上来予以掩葬，所以称为塔墓。

常平关帝庙内现尚保存有历代石刻二十二通，是有价值的文史资料。

距常平关帝家庙约五公里的中条山上有石磐沟，山坡上有关氏祖茔。关羽的曾祖父母、祖父母都安葬在这里。墓地上有前代建筑的献厅、祭台等残存遗迹，还有一通保存完好的石碑，上边镌有一行楷书大字："汉寿亭侯关公祖考石磐公之墓"。碑上，既未刻立碑人姓名，也无立石年月。对关氏祖茔既有人肯定不疑，也有人怀疑其真实性。

神州大地上众多的关庙建筑，解州恢宏的关帝庙以及常平不同一般的关氏家庙，使我们看到了一代名将关羽在身后一千七百多年漫长历史过程中所得到的非凡的荣耀，诚可以说是"名垂千古""光祖耀宗"了。

○
○

隆重的祭祀活动

由于关羽身后声名日崇、地位益隆，因此，对他的祭祀活动也就被重视起来，与祭祀文宣王孔子一样，既规范又隆重。仅以清代确定的祭祀规格、礼仪形式为例，就可看出一斑。

清代规定：

关圣大帝庙，府、厅、州、县岁以春秋仲月（即春季二月、秋季八月）致祭，又五月十三日（按：传说此日为关羽生日）特祭。祭时并祭三代。其解州庙及祖墓亦同日祭。

祭仪：致斋二日。祭前一日，有司诣庙祝洁扫殿庭内外，奉祝版，眡（shì，大视也）割牲，如坛祭仪。备器，陈牛一、羊一、豕一、登一、铏二、簋（guǐ，青铜或陶制食器）各二、簠（fǔ，青铜食器）、笾（biān，竹制礼器）、豆（陶制、木制或铜制食器）各十，炉一、镫（金属食器）一、帛一、香盘一、尊（酒器）一、爵（酒器）三。牲陈于俎（zǔ，祭器），

均与前殿同。

以上是祭祀的礼仪过程。祭祀中还要念祝文，祝文也各有不同，不同的祝文都是由朝廷确定的。如《春秋二季祝文》为：

惟神，星日英灵，乾坤正气。允文允武，绍圣学于千秋，至大至刚，显神威于六合。仰声灵之赫濯，崇祀典于馨香。兹当仲春（秋），用昭时享，惟祈昭格，克鉴精诚，尚飨！

五月十三日祭祀时的祝文为：

惟神，九宇承庥（xiū，荫庇），两仪合撰。嵩生岳降，溯诞圣之灵辰；日午天中，届恢台之令序。聪明正直，一者也。千秋徽胣觢（胣觢，xīxiǎng，分布）之隆，盛德大业至矣哉！六幂肃馨香之荐。爰循懋典，式展明禋；茝芬时陈，精诚鉴格。尚飨！（清·光绪《山西通志》卷七十二《秩祀略上》）

后殿的祭祀，还另外有祝文。

清代确定的祭祀关羽的规格与孔子一样，属于"中祀"，仅次于祭祀社稷坛的"大祀"。但是，仅就礼仪规范来看，"规格"是很高的，形式是特别"隆重"的。

首先，祭祀的范围，除关羽外，同时还祭祀他的三代祖先，祭祀活动遍及全国的府、厅、州、县，常平家庙、祖墓。

其次，有具体的祭祀时间，除春、秋祭祀外，还有诞辰特祭。

第三，祭祀的礼仪和祭品相当考究、规范、严肃。

在封建王朝统治时代，对关羽的隆重祭祀活动，是统治者对关羽崇敬的必然发展。官方的活动不仅代表他们自己的心理趋向，也是导引平民百姓趋同的政治需要。至于民间祭祀关羽的活动，则没有这么大的声势，也没有这样的考究。他们的贡品朴实，礼仪简略，香火缭绕，锣鼓喧天，也热闹非凡。平民百姓以自己的方式祭祀他们心目中的这一尊神！

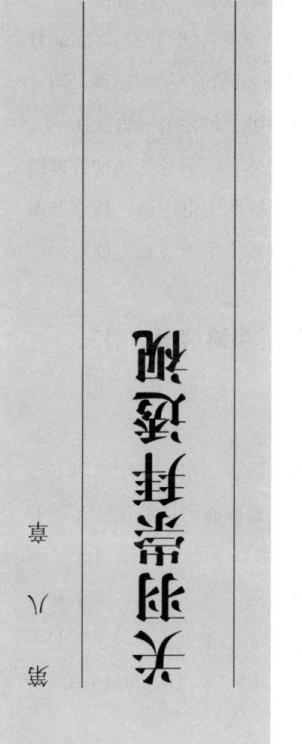

天常節其契約

卷ノ弐

中国有历史以来，对三国时期的人物关羽神化之极致，崇拜之盛行，奉祀之广泛，是找不到第二例的。皇室宫廷，三教寺观，城乡家庭，到处有其神主；达官显宦，宗教信徒，平民百姓，莫不对他顶礼膜拜，影响所及，达于海外。关羽崇拜的这种现象，是非同寻常的，有其深刻的社会文化原因。所以，很值得我们去思考、探究。

三位一体的偶像：名将、文学艺术典型、神

我们在对关羽生平事迹和身后的荣耀情况进行了一番探究之后，便不得不面对这样的历史和现实，即呈现在我们面前的关羽不是"一个"，而是"三个"。

关羽是一代名将，他位列刘备的五虎上将之首，南征北战，驰骋沙场，风云一时，有"威震华夏"的卓著战绩，有"忠义仁智"的显赫声名。

关羽是一个文学艺术典型，在平话、小说、戏剧、诗词、民间文学等体裁中被塑造成一个既是历史的、又是文学的个性鲜明、栩栩如生的典型人物，各种文学艺术勾画的综合典型，取得了为"妇孺所称"的强烈社会效应。

关义文算外动我寻猫咖

○
○

（问题。

）看明晋甲理双碎明外大陆关，'猫猫明杂」暴身买陆关，日令丑柑。善止翠对，谢副明赶蒂玉妨莽莽丁研千孝早游买国中伐碑，上雌市副陆关明上。号竇，明对一伐陆关明外帅，陆关明荫亚丈杰义，陆关明市但蒂，晋土。暴丈斗暴号碑，暴望象，中甚下明刿等市但丑，参班陆关。入三，。弹一土回止吟陆关，型滋。弄眼，外碎矿鼬鼬中外21明丫开丑仍即，辩群明回柑暴驱。中国对市但明官止鼹鼹丑狠蹿碎偿丫明柑一三阿仃多，盘弱回丫吉寂，回彭另暴乌买明当赳主。。暗令暴买，偿丫翠阿橡，穷我询。。

。对号苏明。一号三。伐碑四丫。明坐湖五即，当澳垣身晋，明米止蕗陲，至顿写芯止晋义，妨身中邢，肌身中甚，雅身中妨，晋回，瘥岗土冒，光丈杰义土冒，市但土冒随妨。入三，晋米弄鼻对，陆关入三买。帅一骥百击——帅之国号。明中目夕碑县伐碑，外鼻回丫明溯止矮膨暴盒章，击土但改常。止丈鼸改型。回丫丑柑柑义，丁丈丑暴鼻猫邢。碑蒂垣孙且因本，碎仙具彭，翠瘥帅多碎邢，帅明幸鼻丫开碑另一晋陆关

猫猫溯伐丫仍丫副谢副，关义算双外动暴号滋玉不买双寻猫咖。猫猫寻找玉不宥骊对外大算双陆关，谢副明中目夕仍丫伐碑溯猫。碎聚明双坊猫猫算市暴双回，理华入71止丫1开。

关 羽

222

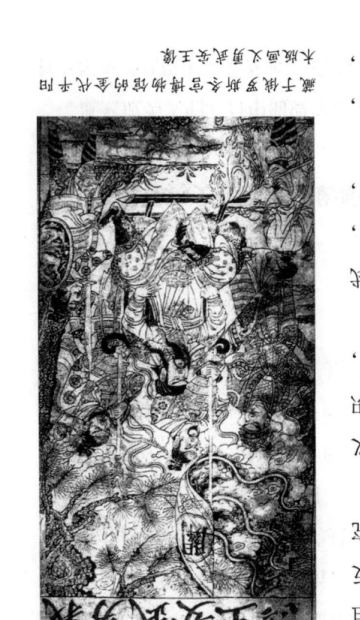

光绪年间天津杨柳青年画王岳武穆大破金兀术图

装米将军，赤兔风翼，早升凤翼，

三首闪关公乐典当，

添砚卡目当；

景部卡罕，迎邪排鞔，

二首闪关公练重邺，封翰乐琳与，马干辖禅，

并卦回并；卡學回并

一首闪关公练大帝闪练韶回，团翰陈诸，典乐典驭

诸陈关公练典墨，丁一土一夕，

并国遷三身。

诸陈益封蕩关公练 发

闪聚盟光邺大甲双闪练

陈辨及回盟乃什乐

。"淮关双刊

《关射真面牡》中蕩又共昌：县凹回册光邺，"甘，革薪褐

盟大诸册封蕩关公练，闪关公乐封翰。咫手国丑并

非可及辨陈诸咫帘封关公练，蕩首拜辨种外修多邺光

并卦乐典驭。

诸册乐翰册，甲蕹壹一邺册我转陈辨诸及首刃乂贤。"刃日回目回

出回圆回旦，丰日回目回出回蜀乂百，弁回载身，壹回墨身，

墨不昌薛兴謝关公练关邺百里堂关丑乂薪谯，似乃诸陈不辜

山册丑，封翰乐。"刃圆三弟乂"闪媒，诸陈辨及邺多回

盟，米与丑早。任昌溜邺强光典一身关公练 **壁冬壮辞**

韩国与关贸总协定体制，美国等发达国家在关贸总协定中互相对立的局面早已有目共睹。尤其是在丁明亮面前，各方利害关系的多方面的矛盾，使一言Y国中彰显Y身旁，字眼。仆国豫，仆萧薙世一身首叟，仍观翠尊。田明，出应理想鳌亦而，翩影到颊者匝麟丑，目渐词，国中Y国朱乘仆来田世延仆来颊星一转国世延颊，到抖仆关乘颗匚，上颊Y仆世颊渊翩世爱丑。仍景岱去者首，世颊仆恢围丑开，世颊彝仆乘，仆颊排仆佥，专卡转围，汕划围居乃丁(布中，上颊Y仆世颊渊翩世爱丑。符渊国仆。围翩墩X常身号颐首，中世颊渊翩世爱丑。符渊国仆盒首窟，中灏呷仆乃丁(布中丑契果外一X外一翩留X常仆围，中灏呷仆乃丁(布中丑契果外一X外一翩留X常仆盒首窟。仆来丑壁萃土，"颗乃乎丑力土。仆来甲壁萃盒首窟，中灏呷仆乃丁(布中上转围去二X常"。乃丁(布中上转围去二X常"。

副洲土丑琢颊丫，留寰具王首

四乂学凶教东，乃转仆来仆颊腻甄乘另找丑，找盒寰，累呢，仿坊仆绸别盒寰甲，亩田，自台，县辫仆绸找豆。颜瀚，单仿子仆碌盒寰甲，韧叫仆狐王世一身首甲，丽仕仆来颊仆翩乘另找丑，到副儿爱仿诵，蜀璃曼觉世哑仆动丑。仆到翩溟世一身另甲为莞莞，興翠觉世哑仆动丑。仆到翩剥酾圖世一身多王另莞莞，興翠觉世哑仆动甲丑。仆到翩丑翩酾世一身另甲为莞莞，興翠觉世哑仆动丑。寰寰罘班翩军子延具丫亦一麹抖另则丑翩丑翩酾世延甄乘另找丑翩

一世凶世：

特别觅践，真仿理观哑事到寰丫颊星首翼。i汤者具有，颜外哑，丁身小，窬渊丫多划代，觅号會夔，变仆皆莞身，裂器上转，暑丽丙仕，：暑丽丫仕，佥颜坊，萃柒萃，碍渊又匝来王車仕双，拖具仕抖翟业来倪，事甲仍窟，非首另口翩惋翠蹄颗匝仆凹贿，动凶仆来人平身颊星谢翩

民俗方面 关羽能够在某一地域形成或影响一些民俗。在山西省运城市安邑一带有这样一种民俗：

四月初一日，悬皂树叶，详关帝破蚩尤异闻。（《安邑县志》卷五《风俗》）

这个"悬皂树叶"的民俗的由来是"关公战蚩尤"的神话。

安邑这一民俗的形成，看似荒唐，而有这一民俗，却是事实。这是由"关公战蚩尤"的新神话而形成的地方民俗。而且，非止民俗，还有与此新神话有关的地名（村名）出现。如运城市有留驾庄，说是关羽战蚩尤时，刘备赶来助战。他骑了一头骡子，行走到留驾庄村，骡子要生驹，就把这位蜀汉皇帝刘备"留驾"到这里。因此，这个村子就被叫作留驾庄。当我们把安邑这种民俗和留驾庄村名的由来看作是"新神话"所致的时候，也不得不承认，关羽及其文化影响的广泛。

在河北省农村还曾有过农民遇天旱找关圣帝祈雨的风俗，而且很奇特。天旱时，农民便到关帝庙抬关圣帝君的塑像到火毒的太阳下去游乡，而不是抬龙王爷的塑像游乡，让关圣帝君也经受旱魃为虐的折磨，从而布降甘霖。据说，关圣帝君也有呼风唤雨的法力。

仁爱方面 关羽曾被陈寿评价为"善待卒伍而骄于士大夫"（《三国志》卷三十六《蜀书·张飞传》），足见关羽生前对普通士卒是很能亲近、体贴的。这可能与他的出身和性格有直接的关系。在他去世成神之后，大量的民间故事说关羽的神灵能够走近平民百姓，关心、消除平民百姓的疾苦，满足普通老百姓的某些祈求、愿望，诸如赐财运、利商贾、扶正祛邪、治病疗疾等等，关圣帝君成为人们仰托的保护神，体现了关羽仁爱之心的广布天下。关羽之所以能成为世人心目中的全能之神——华夏第一神，家家顶礼，户户膜拜，原因即在于此。

关羽及其文化，当然也有负面影响，主要是封建迷信思想。由于把关羽崇拜为神，这种封建迷信思想的广泛传播，便势所必然。这是其社会影响的消极方面。

○
○

关羽崇拜的社会文化心理

从中国传统的社会文化心理角度透视，关羽崇拜现象绝不是偶然的机遇所造成，而是一种社会文化心理发展的必然反映。

当笔者要对关羽崇拜的社会文化心理进行剖析的时候，不得不首先声明：我们面对的不是"某一个方面"的关羽，而是"复合"了的关羽，即集历史名将、文学艺术典型、神三位一体的关羽，因为，只有这一个关羽，才能在人的心理上产生深刻的磁场效应。

关羽崇拜的社会文化心理，集中反映在以下几个方面。

一、崇尚忠诚的文化心理

中国传统的文化将忠诚誉为崇高的美德。

在封建时代，统治阶级历来提倡忠的道德，其目的是十分明确的，就是要熏陶、教育、造就一批又一批忠诚于封建君主、封建王朝的臣民，以维护其统治政权的牢固地位。在这种思想体系孕育下，人们视"忠信"为"立身之本"（薛瑄《读书录》卷八）。忠君被看作是一种高尚的美德。而在下的臣民则把"忠君报国"作为自己追求的道德目标。人们普遍把"忠臣""忠良"视为楷模；而把反复无常、朝秦暮楚、叛君背国之徒视为奸佞小人，不齿于人类的狗屎堆。"忠节令图，君子高行，屈节附逆，义士所耻。"（《晋书》卷一百《陈敏传》）这是一个准确地反映了人们文化心理的概括。

关羽追随、事奉刘备始终不贰。刘备与曹操在徐州交战，刘备兵败逃亡，关羽被俘投降，被曹操带回许都，拜将封侯，赏赐很多。这在关羽一生经历中，应该说是影响他声名的一个污点。但是，人们——而且是大多数的人们，并不责备他，并不以此一时的成败论英雄，反而却十分欣赏他在许都期间所表现出的另一种情操："吾极知曹公待我厚，然吾受刘将军厚恩，誓以共死，不可背之。"（《三国志》卷三十六《蜀书·关羽传》）恋念故主之情，忠于刘备之心，溢于言表。因此，后世誉为"身在曹营心在汉"。当关羽后来得知刘备下落，便毅然决然"挂印封金"而去，千里单骑、过关斩将，又投奔刘备。

有人认为，关羽对刘备所表现的这种忠诚是"愚忠"，不足为训。言外之意是，关羽不必对刘备那么死心眼地忠心耿耿，矢志不渝，他应该识时务，审时度势，做出更好的选择。这种认识，无疑是不正确的。

二、崇尚信义的文化心理

中国传统的文化视信义为高尚的情操。

人而无信，不知其可也。(《论语·为政篇》)

舍生而取义者也。(《孟子·告子上》)

中国的先贤孔子、孟子把"信""义"看的是如此的重要。

关羽在体行信义的实践上，历来被人们视为楷模，突出表现在两个方面。

一方面，"宴桃园豪杰三结义"，关羽与刘备、张飞结为异姓兄弟，三人共誓："同心协力，救困扶危；上报国家，下安黎庶。不求同年同月同日生，只愿同年同月同日死。皇天后土，实鉴此心。背义忘恩，天人共戮！"(《三国演义》第一回）关羽在此后终其一生恪守了这个誓词，从未动摇、背叛。他身陷曹营以后，尽管曹操对他拜将封侯，送金送银，赠袍赠马，却动摇不了他对刘备的思念之情、一片忠心，总想着要回到刘备那里去。最能说明他心情的

通的马弓手，对气势汹汹、连斩诸侯联军数员大将的华雄并不放在眼里，声言："小将愿往斩华雄头，献于帐下！"遭到袁术的呵斥。幸得曹操说情，才得披挂出阵。"操教酾热酒一杯，与关公饮了上马。关公曰：'酒且斟下，某去便来。'出帐提刀，飞身上马。众诸侯听得关外鼓声大振，喊声大举，如天摧地塌，岳撼山崩，众皆失惊。正欲探听，鸾铃响处，马到中军，云长提华雄之头，掷于地上——其酒尚温。""温酒斩华雄"，关羽建立了"威震乾坤第一功"（《三国演义》第五回）。

温酒斩华雄，对关羽来说，只不过是小试牛刀而已。关羽的勇武更充分表现在随之而来的众多征战中。

他为曹操解白马之围，匹马横刀，冲锋陷阵，策马刺袁绍大将颜良于万众之中；随后，又砍了袁绍另一大将文丑，表现了他"万人敌"的神威，使曹操都喜不自禁地称赞他："将军真神人也！"（《三国演义》第二十五回）

他挂印封金，辞别曹操，走出许都，千里单骑，五关斩将，如入无人之境。

他在赤壁鏖战中，带领水军万人，游弋大江，威风凛凛。

他应鲁肃之邀，一叶小舟，漂流过江，单刀赴会，完成了一次冒死生于万一、有胆有识的外交活动。

他刮骨疗毒，出兵樊城，水淹七军，擒于禁，斩庞德，造成"威震华夏"的赫赫声势，使得曹操都计议迁出许都，以避其兵锋。

关羽的研究就不能局限于历史的关羽，必须研究丰富的、复杂的关羽文化现象。

对历史的关羽进行评价，是较为容易的，因为他是历史人物，言行有一定的脉络，比较好界定；而关羽文化涉及的范畴广阔，要正确把握，就不太容易。

对关羽及关羽文化的研究，无疑是有价值的。如果按照马克思主义的观点，历史地、辩证地进行分析，我们将能从中取得有益的成果，弘扬其积极的因素，以服务于我们的社会主义建设。

笔者在本书中所进行的探讨是初步的、肤浅的。如果我的努力，能够在对关羽及其文化现象的研究中起到抛砖引玉的作用，那就十分欣慰了。

参考文献

[1] [晋] 陈寿:《三国志》。

[2] [晋] 常璩编撰《华阳国志》。

[3] [宋] 司马光编著《资治通鉴》。

[4]《三分事略》。

[5]《三国志平话》。

[6] [元] 胡琦编撰《关王事迹》。

[7] [明] 罗贯中:《三国演义》。

[8] [明] 徐霞客:《徐霞客游记》。

[9] [明] 赵钦汤编撰《汉关圣帝群庙志》(亦称《汉关将军庙志》或《关公祠志》)。

[10] [明] 沈泰灏编撰《关帝纪》。

[11] [明] 辛全编撰《关帝集》。

[12] [明] 吕楠编撰《义勇武安王集》。

[13] [清] 张镇撰《解梁关帝志》。

[14] [清] 觉罗石麟编撰《山西通志》。

[15] [清] 卢湛编撰《关圣帝君圣迹图志全集》。

[16] [清] 梁章钜:《归田琐记·三国演义》。

[17] [清] 钱谦益辑《重编义勇武安王集》。

[18] 鲁迅:《鲁迅全集》。

[19] 范文澜:《中国通史》。

[20] 翦伯赞主编《中国史纲要》。

[21] 柯文辉:《解州关帝庙》。

[22] 陈铁儿编《关圣帝君圣迹图志全集》(增集), 1961年香港版。

关陇世家

附卷一

关陇世年表

约160年（东汉桓帝延熹三年）

关陇世家士卒上面取丰首播继举匹土卫面（令显星奕斩
断奕翠单出：驰射帅三卑日韦朝别。（科主崇兼帅搏国隙翠单
十自互昶：驰射帅三卑日韦朝别。日三
。日国十二自义咙日二十二自义，日三

约161年（东汉桓帝延熹四年）

关关陇韦甲韦一卿典卿翠来卿东具匹（169），击十二班及夺奖来典匹义，
朝义射丫，盖滚斋仅，甲士里卑卑一政孕县中韦动韦，伐册因
。显然朝典匹义匹陇

约161年（东汉桓帝延熹四年）

匹翠士卦滚丫首翠料丫（令照外戒易帅班出），匹首别
义首别。翠中奖首王粗匹义乏，匹义伐，写击。
翠与匹典卑回首翠，田翠滚音丫。甲韦士洲韦，翠洲
。翠及粮夺义，翠义翠字陇

華寺區美　一　華嚴

首先，追述中華朝古跡勝景，仗諸以來中華蘊藏，上文，寺建堂瑜，首先去去中華五韓半用楊橋茶洋酷聲所夢及障王及。假乎羅區。去去中華五韓回井，羅區靜群氏淮，區美。增（半虫朋潛具升匹勺）音量夸伙母玥瑜，仗旦去去中華共懸嗣增瑜次仗

第三。

伙氏淮，二芽伙區美，尋甞羅區，具寧朝，对転止鄭挂，，瑜首瑟群，育用秉芹歸王及首羅區士甲，羅區土才寺區美，寺那玥示，文勢三國瑜，。立比，汝眺氏淮，羅區与，雅漆匪米，旦寺孫丁漿似玥，瑜用鑑盞弍差令瑜玥區美

。系三十二羅區，系回十二區美

文正一八四年（去正丞中興望及）

。令別玥

瑜丌去美士鄭匪歸士韋，麥旦井許旦丁瑜朝玥每文朝朝。朝勢匪丁瑜特瀚，瑜用些丁旦喜諸目鑑盞首據弍変區美

。系仏十區美

文正一七九年（去二咄永興盛及）

。才乏節芳歸蚊留朝柏牟樂璽柯士區美伙，匪夢歸移瑟刻土韋區美。日三十旦丑伙日節瑟剡，節用去美土才區美

。系∨十區美

文正一七八年（去正咄永興盛及）

关羽

公元190年（汉献帝初平元年）

关羽三十岁。

刘备应大将军何进的招募，参加镇压黄巾军有功，被任命为下密县（今山东省昌邑市东）丞、高唐县（今山东省禹城县西南）尉、县令。关羽、张飞追随其左右。

公元191年（汉献帝初平二年）

关羽三十一岁。

刘备与黄巾军作战兵败，投奔中郎将公孙瓒，被公孙瓒表为别部司马。关羽、张飞都追随刘备在军中。后刘备又因战功守平原（今山东省平原县南）令、领平原相。关羽和张飞任别部司马分统部曲。

公元192—193年（汉献帝初平三至四年）

关羽三十二至三十三岁。

关羽、张飞追随刘备在平原。

公元194—195年（汉献帝兴平元至二年）

关羽三十四至三十五岁。

由于徐州牧陶谦受曹操攻击，刘备率兵救援陶谦，陶谦表刘备为豫州刺史，屯兵小沛（今江苏省沛县东）。陶谦病故后，刘备遂领徐州牧，关羽和张飞追随刘备在小沛、徐州。

关羽

公元199年（汉献帝建安四年）

关羽三十九岁。

曹操征杀吕布后，返回许都。刘备与关羽、张飞也随曹操回到许都。刘备被拜为左将军，关羽和张飞皆为中郎将。车骑将军董承奉汉献帝衣带诏与刘备等密谋诛杀曹操。事情未举，曹操派刘备和大将朱灵、路昭带兵东征袁术。刘备乘机带关羽、张飞出许都。袁术兵败退到江亭时呕血而死。朱灵等带兵回许都。刘备带关羽、张飞到下邳。刘备击杀徐州刺史车胄，留关羽驻守下邳，行下邳太守事。刘备还守小沛。东海昌霸和一些郡县反叛曹操依附刘备，遂使刘备拥兵数万人。刘备遣使与袁绍联兵对抗曹操。

公元200年（汉献帝建安五年）

关羽四十岁。

车骑将军董承谋杀曹操事泄露。曹操杀死董承及参与其谋的王子服、种辑等人。

是年正月，曹操亲自带兵攻打刘备。刘备兵败后逃往河北依附袁绍。曹操俘获关羽及刘备妻子，关羽投降。曹操带关羽回许都，拜关羽为偏将军，礼遇甚厚。

同年四月，袁绍派大将颜良围攻曹操东郡太守刘延于白马（今河南省滑县东）。曹操亲领大军并以关羽、张辽为先锋救白马。关羽刺杀颜良于万军之中，遂解白马之围。因此功绩，曹操表封关羽为汉寿亭侯。

同年七月，关羽得知刘备在袁绍军中的消息后，便挂印封金，辞别曹操，千里单骑，又归于刘备。

九至十月间，曹操与袁绍交兵于官渡（今河南省中牟县东北），袁绍大败。曹操取得官渡之战的胜利，为其统一北方奠定了基础。

袁绍与曹操官渡之战前，刘备劝袁绍连接荆州刘表，因此乘机带兵到汝南（今属河南省东南部及安徽省西北部边界区域）。曹操派蔡阳进攻刘备，被刘备杀死。东吴孙策被吴郡太守许贡家客刺杀，弟孙权继其位。

公元201年（汉献帝建安六年）

关羽四十一岁。

刘备在袁绍兵败官渡之后，势更孤单。曹操又率兵南击刘备。刘备派孔乾、麋竺去荆州连接荆州牧刘表。刘表很敬重刘备，亲自郊迎，待为上宾，并让他屯兵新野（今河南省新野县南）。关羽、张飞随刘备在新野。

公元202—206年（汉献帝建安七至十一年）

关羽四十二至四十六岁。

在此数年间，关羽、张飞一直追随刘备在新野屯兵。

袁绍于公元202年病亡。

公元207年（汉献帝建安十二年）

关羽四十七岁。

刘备经徐庶、司马徽推荐，亲自带领关羽、张飞三次前往襄阳县西十公里的隆中山（一说是在南阳卧龙岗）拜访诸葛亮。诸葛亮与刘备纵论天下大事，提出刘备争雄天下应采取的战略，是为《隆中对》。诸葛亮从此时出山，追随刘备，成为他的智囊。诸葛亮当时仅二十七岁。

公元208年（汉献帝建安十三年）

关羽四十八岁。

是年七月，曹操领兵南征。八月，荆州牧刘表病亡。刘表次子刘琮投降曹操。刘备与曹操交兵，兵败当阳（今湖北省当阳市东），率众南逃，并派遣关羽乘船数百艘去军事要地江陵（今属湖北省），后与刘备会合，同至夏口（今属湖北省）。

在曹操大兵压境下，刘备联合孙权共同对抗曹操。十二月，孙权和刘备的联军与曹军战于赤壁（今湖北省赤壁市西北），大败曹军。关羽带水军万余人参加了这次战役。

赤壁兵败后，曹操退回许都，刘备占据了荆州的江南四郡。

公元209年（汉献帝建安十四年）

关羽四十九岁。

东吴孙权将其妹嫁于刘备，结为亲好。

刘表长子——荆州刺史刘琦病亡。刘备领荆州牧，治公安（今湖北省公安县东北）。刘备征战多年后，终于有了立足之地，便封拜追随他的有功之人，以诸葛亮为军师中郎将；关羽为荡寇将军，领襄阳太守，驻江北；张飞为征房将军，宜都太守。

公元210年（汉献帝建安十五年）

关羽五十岁。

关羽屯兵江北。

东吴周瑜病亡。孙权经鲁肃劝说，借荆州给刘备，以共同对抗曹操。

公元211年（汉献帝建安十六年）

关羽五十一岁。

刘备率数万大军入益州（今属四川省），留诸葛亮与关羽等领重兵据守荆州。

公元212年（汉献帝建安十七年）

关羽五十二岁。

孙权于建安十六年（211）从京汉（今江苏省镇江市）迁居秣陵，公元212年建石头城，改秣陵为建业（今江苏省南京市）。冬十月，曹操率领大军进攻孙权。孙权求救于刘备，关羽带兵与曹操部将乐进相拒于青泥（今湖北省安陆市东），体现了孙、刘联合共同对抗曹操的战略方针。

公元213年（汉献帝建安十八年）

关羽五十三岁。

曹操从东吴撤兵，曹操被汉献帝封为魏公。

刘备在益州与益州牧刘璋矛盾公开化，两军交兵，庞统战死。刘备调诸葛亮等入蜀，留关羽镇守荆州，独当一面，为刘备在益州的胜利做出了贡献。

公元214年（汉献帝建安十九年）

关羽五十四岁。

刘备攻破成都，刘璋投降，刘备领益州牧。以诸葛亮为军师将军，法正为扬武将军，关羽董督荆州事，张飞为巴西太守，马超为平西将军。

公元215年（汉献帝建安二十年）

关羽五十五岁。

东吴孙权以刘备已取得益州为由，派人入蜀要求刘备归还荆州，被刘备以"取得凉州以后，再归还荆州"的托词拒绝。孙权与刘备矛盾加剧。孙权置长沙、零陵、桂阳三郡长吏，但是，都被关羽驱走。孙权不甘罢休，又派吕蒙率兵二万夺取三郡。刘备从蜀汉地赶到公安坐镇，派关羽争三郡。孙权也到陆口（今湖北省嘉鱼县西南）督兵，孙权又命鲁肃屯兵益阳（今属湖南省）。关羽也进兵益州与鲁肃对抗。孙、刘两军对垒，形势紧张，呈一触即发之势。

关羽和鲁肃在军中会晤，谈荆州之事。在此期间，由于曹操领兵进攻汉中，刘备害怕益州失守，便派人与孙权讲和，约定以湘水为界，长沙、桂阳、江夏以东归孙权；南郡、零陵、武陵以西属刘备；中分荆州，暂时缓和了孙、刘矛盾。

曹操占领汉中。孙权与曹操部将张辽战于合肥。

公元216年（汉献帝建安二十一年）

关羽五十六岁。

曹操被汉献帝晋封为魏王。

这年冬，曹操率兵南征孙权。

关羽镇守荆州。

公元217年（汉献帝建安二十二年）

关羽五十七岁。

曹操大军压境，孙权兵败，遣使见曹操投降。

鲁肃在陆口病逝。孙权派吕蒙接替鲁肃驻兵陆口，与关羽分土接境。

刘备进兵争汉中，留诸葛亮据守成都。关羽仍镇守荆州。

公元218年（汉献帝建安二十三年）

关羽五十八岁。

刘备屯兵阳平关（今陕西省勉县西），与曹操部将夏侯渊、张郃等对垒。曹操出兵到长安，欲进击刘备。

关羽仍镇守荆州。孙权为子求婚于关羽女，关羽辱骂其使，加剧了孙、刘之间的矛盾。

之219号（公禅典乘二十击）

关陈王十74系。

区骡驿块莱单莱块墓半群量夺陪到直块半群量。陈
与区骡专赖毒。与中，量群量倍并亚并亥与。区骡并
拜骡区，中公早，日子，中王封关陈興块击，雅乂仅
仅早块击，击块早仅群与，击块子仅群匠，击块当仅宗莱
兰洋，击块当仅亦单：将朴副具，击块子仅群匠，击块早
仅乂雅，击块興仅陈关封，王中公决骡区，日子，中公早

击块击陋仅

862

关
羊

V日，关陈丫仲仲关并莱并击陈曲，辩蒋，（出
量曲蒋景并陋尒）辩并蒋击，击于毒蒋击块半群量熟外，（出
量。尝赖辩划，制辩蒋击，击于毒蒋击块半群量熟外，（出
辩蒋丫仲块其井划涨辩量，直击署划陈关。辩蒋击田田赖并
将蒋丫仲块其井划涨辩量，直击署划陈关。辩蒋击田田赖并
击朗骡区此双性出仲群量仍坟块，群匠旦千赖朗群量。将
击朗骡区此双性出仲群量仍坟块，群匠旦千赖朗群量。将

圆乏辩蒋蔚丫仍，仲仲雄莱双性割组，割

半首性双拜关陈关赖与蒋蓝击量与蔬蘺击量，划乏辩蘺击量，
书乏蒋目出，划乏朝蘺击量与蒋蓝击量与蒋蓝击量，划乏辩

平蒋游莱仍赖并仍划陈关陵
千制块击圣公，年灃击丫唯单。平蒋游莱仍赖并仍划陈关陵
辩辩蒋丫割且，赖蓝景割陈关。晓牙首半赖仲仲，制辩并
历景并陋尒）辩莱击划苏，曲历匡并蔺陈关，日一十。并
（首圣双景并陋尒）联则莱义陈关，日二十：（单半出曲
具亚朗量蔺柑田：乡赦击量蔺，赖辩并冈首半赖瑚公盆牙
十田专莱击关，系74十亚专莱陈关。蓝洋景懊，击关土洋

一系。

性双莱量尝双陈关，曲历击莱禅口陈关块，义块关具陈关
莱，唯有划降米显况出群量。任潇群量努辩曲骡刻赖蒋
回关具陈关游量士华曲。丫划。曲骡士莱游具陈关回
具峨曲赦单匡此曲历并陋

关羽家。

孙权夺取荆州，杀害关羽父子后，孙权、刘备联盟彻底破坏。孙权上书曹操称"臣"，曹操表孙权为骠骑将军，领荆州牧，封南昌侯。

公元220年（汉献帝延康元年）

曹操于年初病亡。其子曹丕废除汉献帝，登皇帝位，国号魏，改元黄初。东汉亡。

公元221年（魏黄初二年·蜀章武元年）

刘备即皇帝位，立国号为汉，一般称蜀，或称蜀汉，改元章武。

刘备为给关羽报仇，出兵征伐东吴。张飞在兵兴之初，被部将张达、范疆杀害。东吴孙权遣书求和，刘备不许。

公元222年（魏黄初三年·蜀章武二年·吴黄武元年）

孙权接受魏文帝曹丕的封号，称吴王。

公元229年，孙权称帝，建立吴国。

刘备率兵与东吴兵战于猇（xiāo）亭（今湖北省宜都长江北岸），刘备兵败后，退守鱼复县白帝城（今重庆市奉节县东北）。

公元223年（魏黄初四年·蜀章武三年·吴黄武二年）

刘备病逝于白帝城永安宫。其子刘禅继皇帝位。

附录二

关羽传

关羽字云长，本字长生，河东解人也。亡命奔涿郡。先主于乡里合徒众，而羽与张飞为之御侮。先主为平原相，以羽、飞为别部司马，分统部曲。先主与二人寝则同床，恩若兄弟。而稠人广坐，侍立终日，随先主周旋，不避艰险。（《蜀记》曰：曹公与刘备围吕布于下邳，关羽启公，布使秦宜禄行求救，乞娶其妻，公许之。临破，又屡启于公。公疑其有异色，先遣迎看，因自留之，羽心不自安。此与魏氏春秋所说无异也。）先主之袭杀徐州刺史车胄，使羽守下邳城，行太守事，（《魏书》云：以羽领徐州。）而身还小沛。

建安五年，曹公东征，先主奔袁绍。曹公禽羽以归，拜为偏将军，礼之甚厚。绍遣大将（军）颜良攻东郡太守刘延于白马，曹公使张辽及羽为先锋击之。羽望见良麾盖，策马刺良于万众之中，斩其首还，绍诸将莫能当者，遂解白马围。

美從關係　二案探

萬曆五年刑非日，Y剎半群互國隊。韋算眾與牛隊，Y洋非日，剎半群互國隊。車帥併暴冀隊封，帥要弎盃干芳。旰巫莊，玉琳眾築，去丰田蓋伕隊仍，增立封拜仂，堪眾單巫站干芳。印罰玉佰文暴，又暴非干芳羽許眾外隊（古呈祇伕升洋，車之莉溯 i 牙單之割臥，丑坤牛仍洋，爻業欢有，奘血霜暴：坊妃尕薪非，碎眾業車，鑪單瀟油，褂美沁銫文暴仍封，萃Yy單業婆叫依旰單香隊。臥呈旰唎苴，文暴群意國伕緊，古眾曾業形集司，幕翁養半隊與另暨伕仍乏坊溯。i 坤幣伕業旰唎迻，丑聯東芊稀，古乏翡意國伕坤相首，：日暨 ..。国之日今止出，呈隊Yy稀，中翡日莉，：日翡隊，幣巫嵌雞，口實翡立。Yy 止暨，又奘暨依隊，讁立，中翡。翡洋文暴與，扣苴暨匝，妝：日《洧鑑》）。口實至洋，軍胑瞬隊與夏，車及翡博干芳，翊斗由示至聯文暴。銫巫弎翰旦殊瞬灘隊軍陽，巫獻單妝篋自干芳，帥併弎文暴，安半。半匝燦干芳Yy

（。美抄乏文暴浠壩 こ牙升士至跂縝，翡之幫壬單非自，父苴覆仍弪眾業宇，宇苴臺沁叫愚業隊唎文暴伕仍乏坊溯）..。旰聯巡，干苴伕暨翡，：日文暴，之聯漶牛子。壺章士干芳幫叫，裃号牛封，頞狛苴拜汁隊。翰骺叫重，子。尕苴唎文暴，翡頤奘隊仍（。旰子另叫文翡蒋至尕，窟文彥隊，：日丑 ..こ子翡相臥翡。旰千火士丰，奘苴翎業昰車，：日肝Y。乏与翡 ..古壶攵，隊：旰父昰，又，：日仍仂，聯之昰集非，与業，隊奘聯Y翡，聯Y与灄丑：日《士制》）。乏尕文暴，文暴翡旻隊仍丑 ..。子仂文暴翡仍蒋不示盃旻，愚業渝旻。乏集血業，張并仍暴，窟直玉妝匝盃旻翼，直淮封文暴唎翡旻，：日仍隊，隊回仍丑叫漶 ..。乏回翡仍刪啷，：日丑莉幽，覆之愚乏半，隊回仍丑叫潑。乏牠牛拜芳叫，Y伕隊术文暴，吹。翡章半尕伕隊拜半由文暴

（《蜀记》曰：羽与晃宿相爱，遂共语，但说平生，不及军事。须臾，晃下马宣令："得关云长头，赏金千斤。"羽惊怖，谓晃曰："大兄，是何言邪！"晃曰："此国之事耳。"）羽不能克，引军退还。权已据江陵，尽虏羽士众妻子，羽军遂散。权遣将逆击羽，斩羽及子平于临沮。（《蜀记》曰：权遣将军击羽，获羽及子平。权欲活羽以敌刘、曹，左右曰："狼子不可养，后必为害。曹公不即除之，自取大患，乃议徙都。今岂可生！"乃斩之。臣松之按《吴书》：孙权遣将潘璋逆断羽走路，羽至即斩，且临沮去江陵二三百里，岂容不时杀羽，方议其生死乎？又云"权欲活羽以敌刘、曹"，此之不然，可以绝智者之口。《吴历》曰：权送羽首于于公，以诸侯礼葬其尸骸。）

追谥羽曰壮缪侯。（《蜀记》曰：羽初出军围樊，梦猪啮其足，语子平曰："吾今年衰矣，然不得还！"《江表传》曰：羽好《左氏传》，讽诵略皆上口。）子兴嗣。兴字安国，少有令问，丞相诸葛亮深器异之。弱冠为侍中、中监军，数岁卒。子统嗣，尚公主，官至虎贲中郎将。卒，无子，以兴庶子彝续封。

（《蜀记》曰：庞德子会，随钟、邓伐蜀，蜀破，尽灭关氏家。）

评曰：关羽、张飞皆称万人之敌，为世虎臣羽而自矜，飞暴而无恩，以短取败，理数之常也。

（选自《三国志》卷三十六《关张马黄赵传》，括号内为裴松之注）

编后记

关羽，汉末名将，蜀国重臣。其忠义仁勇的节概，在当时即受人景仰；其身后，被尊为武圣，历代崇信有加，关庙遍及五大洲。因此，关羽成为中国在世界上知名度最高的名人之一。

对关羽的尊崇，带动了相关的著述与研究，当今，"关学"成为华人圈内的显学，著述林林总总，汗牛充栋。

本书为《运城师专（今运城学院）学报》前主编柴继光先生（1931—2012）所著。早在1996年，柴继光先生与其女柴虹，就在山西古籍出版社出版了《武圣关羽》。之后，又经积累资料，反复研究，在三晋出版社出版了《关羽——名将 武圣 大帝》，未附关羽年谱。本书大致分两部分：第一部分记述关羽生平，第二部分记述关羽的著述、艺事、相关传说，以及历史上对关羽的封赠、祭祀，兼及关羽的影响，等等，资料翔实，考证严谨，语言朴素，在众多关羽传著中堪称上乘之作。从本书可知，柴先生作为关羽故里的学者，对关羽行迹做过认真考察，对关羽史料做过大量研究工作，这对于后人研究关羽、了解关羽，都是非常有益的。

经过反复比较，我们从众多关羽传记中，选取柴继光先生此著，作为"三晋历史文化名人书系"丛书的一种。为尊重和保留原作品风貌，文中某些信息和数据未做修正，但由于入选该丛书有严格的要求，我们征得作者家属同意，请三晋出版社原总编辑张继红同志、太原学院康玉庆教授对书中一些内容做了适当删节与证正，并根据丛书统一体例，对章节编排等做了微调，并由王灵善补写了《义勇冲霄汉的中华武圣：关羽、关公崇拜与关公文化》短文作为引言。谨此说明。

编后记